Méthode explicite **CE2**

Étude de la langue

• Manuel •

Cécile Dalle
Professeur des écoles

Élise Davenel
Professeur des écoles

Jean-Christophe Pellat
Professeur de linguistique française

la librairie des écoles

© La Librairie des écoles, 2022 - ISBN : 978-2-36940-625-9
7, place des Cinq Martyrs du Lycée Buffon, 75015 Paris

Sommaire

Sommaire

Présentation du manuel

Chaque unité présente une notion sur plusieurs séances.

Mise en projet

Des images tirées de la grande illustration permettent d'**introduire la notion du jour**, de manière simple et visuelle.

La première séance de chaque unité commence par une grande illustration qui permet de **mettre en projet** la notion travaillée.

Unité 2 Le verbe au présent et son sujet

L'infinitif et les groupes de verbes — Séance 7

J'observe — Mes rituels quotidiens : Analyse page 155

Julia **patiente** dans la file.
▸ Patiente est le verbe conjugué.
Patienter est le verbe à l'infinitif.

▸ L'infinitif sert à nommer le verbe. Il est invariable : il ne change pas selon la personne et le temps.
▸ Les verbes se classent en trois groupes.

1er groupe	2e groupe	3e groupe
– infinitif en -er – sauf le verbe aller	– infinitif en -ir – radical en -iss- au pluriel	– tous les autres verbes
chanter, danser, parler…	finir (nous finissons), choisir (nous choisissons)…	boire, voir, prendre, aller, partir…

1 Indique si les verbes soulignés sont conjugués ou à l'infinitif.
a. Nous allons tous dans la cour pour jouer au ballon.
b. Pour faire des crêpes, il achète des œufs et du lait.
c. J'entends l'oiseau chanter sur sa branche.
d. Avant de partir, il embrasse ses parents.
e. Tu observes ton frère faire des tours de magie.

2 Donne l'infinitif des verbes suivants.
a. Elle aime. b. Nous écrivons. c. Tu demandes. d. Ils comprennent. e. J'ouvre. f. Il fait. g. Vous apercevez. h. Elles réussissent.

Pour trouver l'infinitif, je peux dire « Il faut » : Julia patiente. → Il faut patienter.

20 — Unité 2 Le verbe au présent et son sujet | 21

Pratique guidée

Chaque séance commence par un **rituel d'analyse** de phrase pour permettre aux élèves d'**acquérir les bons réflexes**.

Les exercices, menés à l'oral, fonctionnent selon une **progression en 3 temps** : Identifier – Étayer – Utiliser.

1 Identifier : repérer la nouvelle notion.

2 Étayer : approfondir la compréhension de la notion, en l'abordant dans des contextes variés.

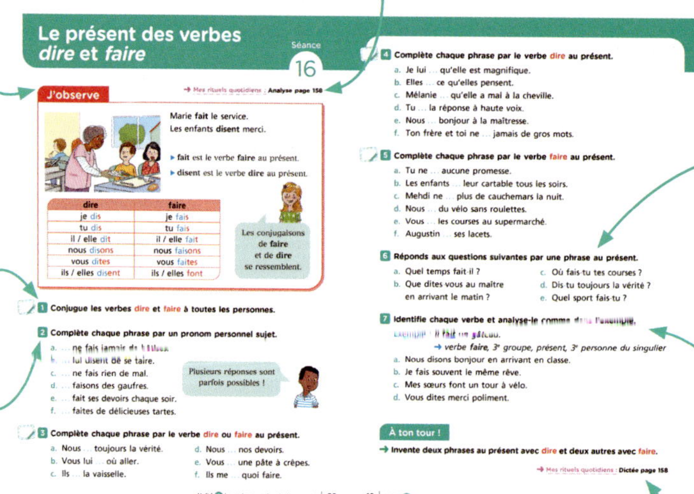

Le présent des verbes *dire* et *faire* — Séance 16

J'observe — Mes rituels quotidiens : Analyse page 158

Marie **fait** le service.
Les enfants **disent** merci.
▸ fait est le verbe faire au présent.
▸ disent est le verbe dire au présent.

dire	faire
je dis	je fais
tu dis	tu fais
il / elle dit	il / elle fait
nous disons	nous faisons
vous dites	vous faites
ils / elles disent	ils / elles font

Les conjugaisons de faire et de dire se ressemblent.

1 Conjugue les verbes dire et faire à toutes les personnes.

2 Complète chaque phrase par un pronom personnel sujet.
a. … ne fais jamais de bêtises.
b. … lui disent de se taire.
c. … ne fais rien de mal.
d. … faisons des gaufres.
e. … fait ses devoirs chaque soir.
f. … faites de délicieuses tartes.

Plusieurs réponses sont parfois possibles !

3 Complète chaque phrase par le verbe dire ou faire au présent.
a. Nous … toujours la vérité. b. Vous lui … où aller. c. Ils … la vaisselle. d. Nous … nos devoirs. e. Vous … une pâte à crêpes. f. Ils me … quoi faire.

4 Complète chaque phrase par le verbe dire au présent.
a. Je lui … qu'elle est magnifique.
b. Elles … ce qu'elles pensent.
c. Mélanie … qu'elle a mal à la cheville.
d. Tu … la réponse à haute voix.
e. Nous … bonjour à la maîtresse.
f. Ton frère et toi ne … jamais de gros mots.

5 Complète chaque phrase par le verbe faire au présent.
a. Tu ne … aucune promesse.
b. Les enfants … leur cartable tous les soirs.
c. Mehdi ne … plus de cauchemars la nuit.
d. Nous … du vélo sans roulettes.
e. Vous … les courses au supermarché.
f. Augustin … ses lacets.

6 Réponds aux questions suivantes par une phrase au présent.
a. Quel temps fait-il ?
b. Que dites-vous au maître en arrivant le matin ?
c. Où fais-tu tes courses ?
d. Dis-tu toujours la vérité ?
e. Quel sport fais-tu ?

7 Identifie chaque verbe et analyse-le comme dans l'exemple.
Exemple : Il fait un gâteau.
→ verbe faire, 3e groupe, présent, 3e personne du singulier
a. Nous disons bonjour en arrivant en classe.
b. Je fais souvent le même rêve.
c. Mes sœurs font un tour à vélo.
d. Vous dites merci poliment.

À ton tour !
→ Invente deux phrases au présent avec dire et deux autres avec faire.

Mes rituels quotidiens : Dictée page 158

Unité 2 Le verbe au présent et son sujet | 39 — 40 | Unité 2 Le verbe au présent et son sujet

3 Utiliser : se servir de la nouvelle notion pour décrire une image, inventer une phrase, etc.

Un exercice d'analyse systématique en fin de chaque séance.

Chaque séance finit par une **dictée préparée**.

À chaque séance du manuel correspond une séance du **cahier d'exercices**, qui permet aux élèves d'appliquer la notion à l'écrit, en **pratique autonome**.

Objectivation

À la fin de chaque unité, les notions étudiées sont présentées de manière visuelle afin de permettre aux élèves de **reformuler** ce qu'ils ont compris et retenu.

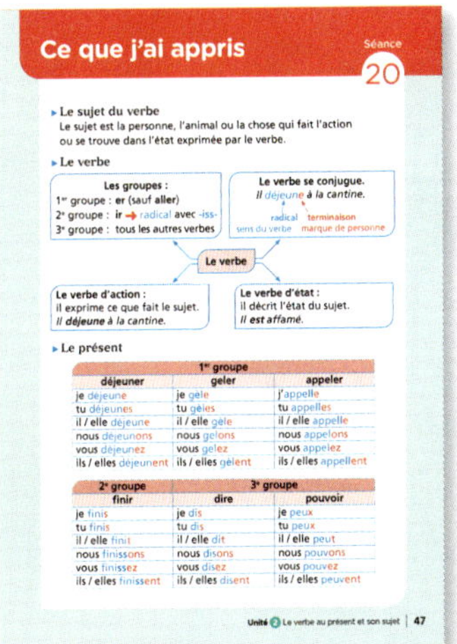
Ce que j'ai appris
Séance 20

▸ Le sujet du verbe
Le sujet est la personne, l'animal ou la chose qui fait l'action ou se trouve dans l'état exprimé par le verbe.

▸ Le verbe

Les groupes :
1er groupe : er (sauf aller)
2e groupe : ir → radical avec -iss-
3e groupe : tous les autres verbes

Le verbe se conjugue.
Il déjeune à la cantine.
radical / terminaison
sens du verbe / marque de personne

Le verbe

Le verbe d'action :
il exprime ce que fait le sujet.
Il déjeune à la cantine.

Le verbe d'état :
il décrit l'état du sujet.
Il est affamé.

▸ Le présent

1er groupe		
déjeuner	geler	appeler
je déjeune	je gèle	j'appelle
tu déjeunes	tu gèles	tu appelles
il / elle déjeune	il / elle gèle	il / elle appelle
nous déjeunons	nous gelons	nous appelons
vous déjeunez	vous gelez	vous appelez
ils / elles déjeunent	ils / elles gèlent	ils / elles appellent

2e groupe	3e groupe	
finir	dire	pouvoir
je finis	je dis	je peux
tu finis	tu dis	tu peux
il / elle finit	il / elle dit	il / elle peut
nous finissons	nous disons	nous pouvons
vous finissez	vous dites	vous pouvez
ils / elles finissent	ils / elles disent	ils / elles peuvent

Unité 2 Le verbe au présent et son sujet | 47

Rituels quotidiens

Tous les **rituels d'analyse et de dictée préparée** se trouvent en fin d'ouvrage.

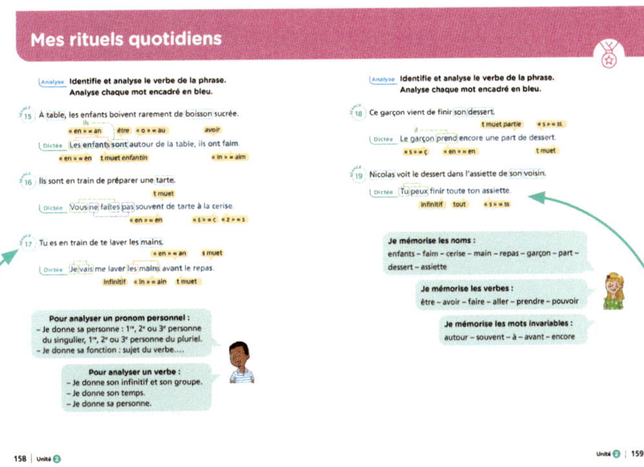
Mes rituels quotidiens

Analyse Identifie et analyse le verbe de la phrase. Analyse chaque mot encadré en bleu.

15 À table, les enfants boivent rarement de boisson sucrée.
Dictée Les enfants sont autour de la table, ils ont faim.

16 Ils sont en train de préparer une tarte.
Dictée Vous ne faites pas souvent de tarte à la cerise.

17 Tu es en train de te laver les mains.
Dictée Je vais me laver les mains avant le repas.

Pour analyser un pronom personnel :
– Je donne sa personne : 1re, 2e ou 3e personne du singulier, 1re, 2e ou 3e personne du pluriel.
– Je donne sa fonction : sujet du verbe....

Pour analyser un verbe :
– Je donne son infinitif et son groupe.
– Je donne son temps.
– Je donne sa personne.

Analyse Identifie et analyse le verbe de la phrase. Analyse chaque mot encadré en bleu.

18 Ce garçon vient de finir son dessert.
Dictée Le garçon prend encore une part de dessert.

19 Nicolas voit le dessert dans l'assiette de son voisin.
Dictée Tu peux finir toute ton assiette.

Je mémorise les noms :
enfants – faim – cerise – main – repas – garçon – part – dessert – assiette

Je mémorise les verbes :
être – avoir – faire – aller – prendre – pouvoir

Je mémorise les mots invariables :
autour – souvent – à – avant – encore

158 | Unité 2
Unité 2 | 159

Le rituel d'**analyse de phrase** de début de séance permet aux élèves de travailler et de réinvestir les notions grammaticales.

Le rituel de **dictée** de fin de séance reprend les notions travaillées jusqu'ici, ainsi que celles acquises lors de la séance.

Révisions

En fin d'unité, une double page de **révisions** permet de réinvestir les notions apprises.

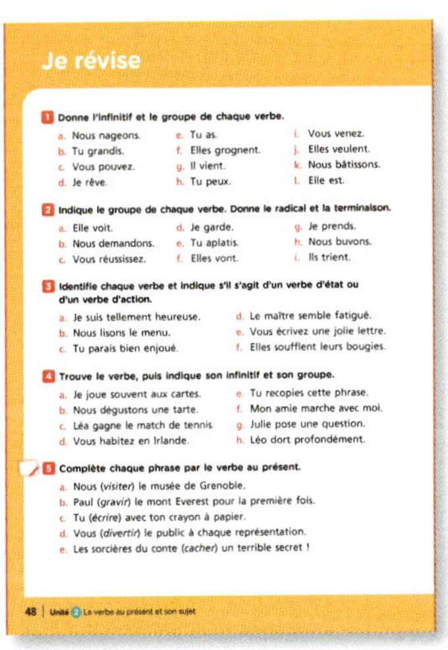
Je révise

1 Donne l'infinitif et le groupe de chaque verbe.
a. Nous nageons. b. Tu grandis. c. Vous pouvez. d. Je rêve. e. Tu as. f. Elles grognent. g. Il vient. h. Tu peux. i. Vous venez. j. Elles veulent. k. Nous bâtissons. l. Elle est.

2 Indique le groupe de chaque verbe. Donne le radical et la terminaison.
a. Elle voit. b. Nous demandons. c. Vous réussissez. d. Je garde. e. Tu aplatis. f. Elles vont. g. Je prends. h. Nous buvons. i. Ils trient.

3 Identifie chaque verbe et indique s'il s'agit d'un verbe d'état ou d'un verbe d'action.
a. Je suis tellement heureuse. b. Nous lisons le menu. c. Tu parais bien enjoué. d. Le maître semble fatigué. e. Vous écrivez une jolie lettre. f. Elles soufflent leurs bougies.

4 Trouve le verbe, puis indique son infinitif et son groupe.
a. Je joue souvent aux cartes. b. Nous dégustons une tarte. c. Léa gagne le match de tennis. d. Vous habitez en Irlande. e. Tu recopies cette phrase. f. Mon amie marche avec moi. g. Julie pose une question. h. Léo dort profondément.

5 Complète chaque phrase par le verbe au présent.
a. Nous (visiter) le musée de Grenoble.
b. Paul (gravir) le mont Everest pour la première fois.
c. Tu (écrire) avec ton crayon à papier.
d. Vous (divertir) le public à chaque représentation.
e. Les sorcières du conte (cacher) un terrible secret !

48 | Unité 2 Le verbe au présent et son sujet

Rédaction

À la fin de chaque unité de conjugaison, un **projet d'écriture** est proposé, pour réinvestir de façon concrète et motivante les notions abordées dans l'unité.

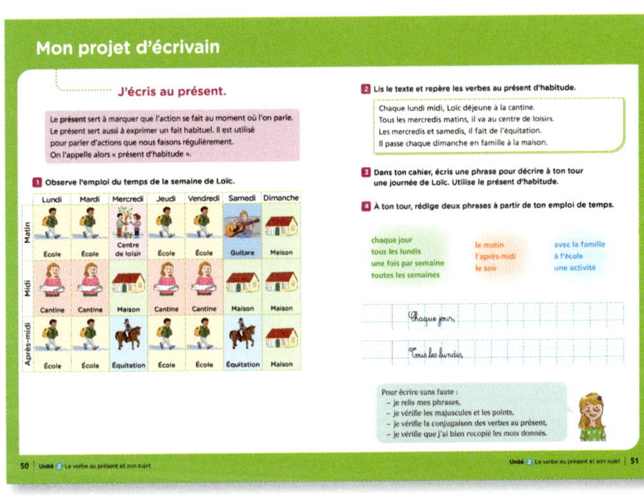
Mon projet d'écrivain

J'écris au présent.

Le présent sert à marquer que l'action se fait au moment où l'on parle.
Le présent sert aussi à exprimer un fait habituel. Il est utilisé pour parler d'actions que nous faisons régulièrement.
On l'appelle alors « présent d'habitude ».

1 Observe l'emploi du temps de la semaine de Loïc.

	Lundi	Mardi	Mercredi	Jeudi	Vendredi	Samedi	Dimanche
Matin	École	École	Centre de loisir	École	École	Guitare	Maison
Midi	Cantine	Cantine	Maison	Cantine	Cantine	Maison	Maison
Après-midi	École	École	Équitation	École	École	Équitation	Maison

2 Lis le texte et repère les verbes au présent d'habitude.
Chaque lundi midi, Loïc déjeune à la cantine.
Tous les mercredis matins, il va au centre de loisirs.
Les mercredis et samedis, il fait de l'équitation.
Il passe chaque dimanche en famille à la maison.

3 Dans ton cahier, écris une phrase pour décrire à ton tour une journée de Loïc. Utilise le présent d'habitude.

4 À ton tour, rédige deux phrases à partir de ton emploi de temps.

chaque jour / tous les lundis / une fois par semaine / toutes les semaines
le matin / l'après-midi / le soir
avec la famille / à l'école / une activité

Chaque jour,
Tous les lundis,

Pour écrire sans faute :
– je relis mes phrases.
– je vérifie les majuscules et les points.
– je vérifie la conjugaison des verbes au présent.
– je vérifie que j'ai bien recopié les mots donnés.

50 | Unité 2 Le verbe au présent et son sujet
Unité 2 Le verbe au présent et son sujet | 51

Unité 1

Le nom et le déterminant

Le nom

Séance 1

→ Mes rituels quotidiens : Analyse page 154

J'observe

Mozart est un **compositeur**.

Iris aime le **violon**.

▶ **Compositeur** est un **nom commun de personne**. **Violon** est un **nom commun de chose**.

▶ **Iris** et **Mozart** sont des **noms propres**.

▶ Le **nom** nomme une personne, un animal ou une chose.

▶ Le **nom commun** nomme **de façon générale** un être ou une chose.

Les articles **le**, **la**, **un**, **une** devant le nom indiquent son genre et son nombre.

▶ Le **nom propre** désigne **en particulier** un être ou une chose.

Il commence par une majuscule.

Le nom propre peut être précédé d'un article : **la France**, **le Nil**.

1 Identifie les noms.

a. piano — écouter — beau

b. répéter — spectacle — jouer

c. magnifique — applaudir — hautbois

2 Pour chaque nom, indique s'il s'agit d'une personne, d'un animal ou d'une chose.

a. la salle
b. un violon
c. un dessin
d. un peintre
e. le spectacle
f. une abeille
g. un pinceau
h. une violoniste
i. le maître
j. un pinceau
k. le moustique
l. la harpe

3 **Identifie les noms qui désignent une chose concrète, puis ceux qui désignent une chose abstraite.**

a. la flûte
b. une idée
c. le tableau
d. le succès
e. un espoir
f. un musée

> Une chose peut être **concrète** (perçue par un des cinq sens) ou **abstraite** (un sentiment, une idée…).

4 **Identifie les noms communs, puis les noms propres.**

a. le Sahara
b. le sable
c. les Canaries
d. les canaris
e. les Alpes
f. la montagne
g. la scène
h. la Seine
i. Marcel

5 **Associe chaque nom commun à un nom propre.**

a. une reine
b. un peintre
c. une peinture
d. une ville
e. un monument

1. Rome
2. la Joconde
3. l'Élysée
4. Monet
5. Marie-Antoinette

6 **Donne le genre des noms suivants.**

a. musique
b. instrument
c. orchestre
d. scène
e. musicien
f. note

> **Féminin** ou **masculin** ? Je peux mettre **une** (ou **la**) devant un nom féminin.

7 **Donne le nombre des noms suivants.**

a. le public
b. les violonistes
c. une flûte
d. les coulisses
e. un rideau
f. deux chanteurs

> **Singulier** ou **pluriel** ? Je me demande s'il y en a un ou plusieurs.

8 **Analyse chaque nom comme dans l'exemple.**

Exemple : *un violon → nom commun, masculin singulier*

une harpe • les cordes • les Antilles • des saxophones • Nicolas

> Je donne :
> – la **nature** du mot : nom commun ou nom propre ;
> – son **genre** et son **nombre**.

→ Mes rituels quotidiens : **Dictée page 154**

L'article défini et l'article indéfini

Séance 2

→ Mes rituels quotidiens : Analyse page 154

J'observe

La peintre fait **le** portrait **des** musiciens.

▶ **La**, **le**, **des** sont des **articles**.

▶ L'article **détermine le nom** qu'il accompagne :

▶ Avec l'article défini, on désigne un **nom précis et connu**.

Masculin	Féminin	Pluriel
le	la	les
l' devant une voyelle ou un **h** muet		

▶ Avec l'article indéfini, on désigne un **nom imprécis ou inconnu**.

Masculin	Féminin	Pluriel
un	une	des

▶ L'article s'accorde en **genre** et en **nombre** avec le **nom** qu'il accompagne.

▶ Lorsque les articles définis **le** et **les** sont utilisés avec les prépositions **à** et **de**, ils se contractent en un seul mot appelé article défini contracté :

à devant **le** → au
de devant **le** → du
à devant **les** → aux
de devant **les** → des

1 **Identifie les articles.**

a. Tous les mercredis, je vais au parc.
b. Hier, nous avons donné une représentation de la pièce.
c. J'échange des billes avec les enfants.
d. Après le goûter, je m'exerce au violon.
e. La sœur de Leila possède un saxophone.

2 **Identifie chaque article, puis donne sa nature : indéfini ou défini. Précise si l'article défini est contracté ou non.**

a. Tous les samedis, je vais au théâtre dans la ville voisine.
b. Je participe aux répétitions du spectacle de l'école.
c. À la fin de l'année, nous donnerons des représentations.
d. Nous porterons une perruque et un costume du dix-huitième siècle.

3 **Mets l'article et le nom au pluriel.**

a. le pianiste
b. un violoniste
c. la soliste
d. une partition
e. l'auditrice
f. un spectateur

4 **Complète chaque nom par l'article indéfini qui convient.**

a. ... musée
b. ... monuments
c. ... fontaine
d. ... place
e. ... églises
f. ... ruelles

5 **Complète chaque nom par l'article défini qui convient.**

a. ... histoire
b. ... danse
c. ... arts
d. ... musique
e. ... cinéma
f. ... art ancien

6 **Complète chaque phrase par l'article défini contracté qui convient.**

a. Demain, je vais ... musée Grévin.
b. La fête ... Mères est en juin.
c. Les artistes offrent ... spectateurs un ballet féerique.
d. Vous achetez ... pain le matin.

7 **Identifie chaque article et analyse-le comme dans l'exemple.**

Exemple : <u>*Le*</u> *comédien*
→ *article défini, masculin singulier, détermine le nom* ***comédien***

- Le comédien et la comédienne offrent une rose aux spectatrices du spectacle.

À ton tour !

→ **Explique la différence de sens entre les deux phrases.**

Julia a mangé les cerises. • Julia a mangé des cerises.

→ Mes rituels quotidiens : **Dictée page 154**

Le déterminant démonstratif

Séance 3

→ Mes rituels quotidiens : Analyse page 154

J'observe

Ce garçon joue de la flûte.

Cette fille joue de la harpe.

▶ Le **déterminant démonstratif** sert à **montrer** la personne, l'animal ou la chose dont on parle.

▶ Il indique le **genre** et le **nombre** du **nom** qu'il précède.

Masculin singulier	Féminin singulier	Pluriel
ce cet devant une voyelle ou un **h** muet	cette	ces

1 **Identifie les déterminants démonstratifs.**

a. un costume
b. cette danseuse
c. la musicienne
d. cet instant
e. ce dessin
f. des peintures
g. cet animal
h. la nature
i. cette aquarelle
j. ces pastels
k. des voisins
l. cet oiseau

2 **Donne le genre et le nombre de chaque déterminant démonstratif, puis précise le nom qu'il détermine.**

a. Je trouve cette mélodie superbe.
b. Cet acteur espère gagner un oscar.
c. La pluie ne cesse de tomber cet hiver.
d. Nous dînerons dans ce grand restaurant.

3 Mets le déterminant et le nom au singulier.

a. ces cousins
b. ces actrices
c. ces expositions
d. ces éléphants
e. ces renardes
f. ces spectateurs
g. ces palais
h. ces spectatrices
i. ces instituteurs
j. ces chanteurs
k. ces ateliers
l. ces arbres

4 Complète chaque nom par le déterminant démonstratif qui convient.

a. ... décors
b. ... auditeur
c. ... perruque
d. ... costume
e. ... spectacle
f. ... éclairage
g. ... homme
h. ... réalisateur
i. ... cascadeuses
j. ... acteur
k. ... actrice
l. ... espoir
m. ... scène
n. ... textes
o. ... film

5 Remplace chaque article par un déterminant démonstratif.

a. Le potier est célèbre dans la région.
b. La poterie est tombée de l'étagère.
c. Les chevaux servent de modèle au sculpteur.

6 Identifie chaque déterminant démonstratif et analyse-le comme dans l'exemple.

Exemple : *Cet hiver*
→ *déterminant démonstratif, masculin singulier, détermine le nom* ***hiver***

• Cet hiver, ce sculpteur et cette peintre exposent dans ces galeries.

À ton tour !

→ **Complète ce que peut dire le personnage.**

Oh, regarde ce ..., cet ... et cette ... !
Quelle chance de voir ces ... !

→ Mes rituels quotidiens : **Dictée page 154**

Le déterminant possessif

Séance 4

J'observe

→ Mes rituels quotidiens : Analyse page 154

– **Mes** parents sont là !

– C'est **notre** tour !

– **Ma** mère prend des photos !

▶ Le **déterminant possessif** exprime la **possession**. Il indique avec qui ou avec quoi l'animal, la personne ou l'objet désigné par le nom est en relation.

▶ Il précise le **genre** et le **nombre** du **nom** qu'il précède.

	Masculin	Féminin	Pluriel
1re personne	**mon** père	**ma** mère	**mes** parents
2e personne	**ton** père	**ta** mère	**tes** parents
3e personne	**son** père	**sa** mère	**ses** parents
1re personne	**notre** père	**notre** mère	**nos** parents
2e personne	**votre** père	**votre** mère	**vos** parents
3e personne	**leur** père	**leur** mère	**leurs** parents

Devant un nom féminin qui commence par une voyelle ou un **h** muet, il faut mettre **mon**, **ton**, **son** au lieu de **ma**, **ta**, **sa**.
Dans ce cas, **mon** est féminin singulier.
Exemple : **mon** amie Sarah.

1 Identifie les déterminants possessifs.

a. ma place
b. le solo
c. des notes
d. mes partitions
e. une mesure
f. ma famille
g. le piano
h. ces chants
i. notre spectacle

2 **Précise le nom que chaque déterminant détermine, puis donne son genre et son nombre.**

a. Nos parents assisteront à notre spectacle ce soir.
b. Tous les choristes ont cherché leur famille dans la salle.
c. Les enfants ont invité leurs grands-parents.
d. Ma chorale prépare un récital pour Noël.
e. Mon amie Sofia est soliste.

3 **Choisis le déterminant possessif qui convient.**

a. ma • mon • mes … exercices
b. leur • leurs • nos … rue
c. nos • votre • leur … chants
d. notre • ta • leurs … répétitions

4 **Mets le déterminant et le nom au singulier.**

a. mes chaussures
b. tes chaussettes
c. mes gants
d. ses vêtements
e. tes sacs
f. mes chemises

5 **Mets le déterminant et le nom au singulier.**

a. nos professeurs
b. nos trousses
c. leurs cahiers
d. vos spectacles
e. leurs costumes
f. nos coiffures

6 **Remplace chaque article par un déterminant possessif.**

a. Le chien se promène devant la maison.
b. Les parents surveillent les enfants dans le jardin.
c. Nous faisons le lit et nous rangeons la chambre.

7 **Identifie chaque déterminant possessif et analyse-le comme dans l'exemple.**

Exemple : <u>Mes</u> *voisins* → *déterminant possessif, 1re personne du singulier, masculin pluriel, détermine le nom* ***voisins***

• Mes voisins ont trouvé notre chien dans leur jardin.

À ton tour !

→ **Explique la différence de sens entre les deux phrases.**

Il a trouvé ses gants. • Il a trouvé ces gants.

→ Mes rituels quotidiens : **Dictée page 154**

Ce que j'ai appris

Séance 5

▸ Nommer

Le **nom** nomme :

les personnes et les animaux
Julie
la pianiste
un loup

les choses concrètes
ma flûte
ces jardins

les choses abstraites
la vérité
une amitié

▸ Déterminer le nom : les déterminants

Articles indéfinis	Articles définis	Déterminants démonstratifs	Déterminants possessifs
un, une, des	le, la (l'), les au, aux	ce, cet, cette, ces	mon, ma, mes ton, ta, tes…
une maison	*la maison*	*cette maison*	*ma maison*

Je révise

1 Lis le texte et classe les noms soulignés.

personne ou animal | chose concrète | chose abstraite

<u>Mozart</u> est un grand <u>compositeur</u>.

À trois ans, son <u>papa</u>, qui est un <u>musicien</u>, lui apprend le <u>piano</u>. Il l'emmène faire le tour de l'Europe pour qu'il joue dans les <u>châteaux</u> des <u>rois</u>.

À la <u>surprise</u> générale, sa musique est d'une grande <u>beauté</u>.

2 Donne la nature des mots soulignés : nom propre ou nom commun.

a. Une <u>femme</u> porte son <u>enfant</u> sur le dos.
b. Impatient, <u>Carl</u> sort en claquant la <u>porte</u>.
c. Nous jouons dans les <u>bois</u> après le <u>cours</u> de violon.
d. Après le <u>sport</u>, je bois un <u>litre</u> d'eau.
e. <u>Léa</u> ferme son <u>cartable</u> et s'assoit à sa <u>place</u>.
f. Mon <u>père</u> place nos <u>chiens</u> en pension dans une <u>ferme</u>.

3 Remplace le nom commun et son déterminant soulignés par un nom propre de ton choix.

a. <u>Le musicien</u> joue du saxophone.
b. <u>La fillette</u> révise son solfège.
c. <u>Cet homme</u> est pianiste professionnel.
d. <u>Mon chien</u> et <u>mon chat</u> s'entendent parfaitement bien.

4 Complète chaque phrase par le nom propre qui convient.

l'Asie | Monet | Toutankhamon | la Tamise | Chambord | Rome

a. … est un peintre connu.
b. … est un pharaon égyptien.
c. … est un continent.
d. … est la capitale de l'Italie.
e. … est un fleuve à Londres.
f. … est un château bâti sous le règne de François Ier.

5 **Donne le genre et le nombre de chaque nom : masculin ou féminin ? singulier ou pluriel ?**

a. le piano
b. des cordes
c. les instruments
d. la représentation
e. une œuvre
f. les couleurs
g. un cadre
h. des pinceaux

6 **Donne la nature de chaque mot souligné, puis précise le nom qu'il détermine.**

article indéfini | article défini | article défini contracté | déterminant possessif | déterminant démonstratif

a. <u>Ce</u> livre est <u>mon</u> roman préféré.
b. <u>Vos</u> chaussures sont mouillées, mettez <u>des</u> chaussons.
c. À <u>cette</u> partie de cartes, il a reçu sept fois <u>cet</u> as !
d. <u>Au</u> goûter, je prends <u>une</u> tartine à <u>la</u> confiture.
e. <u>Mes</u> parents ont perdu <u>leurs</u> clés dans <u>le</u> parc.
f. À <u>notre</u> arrivée, <u>les</u> oiseaux se sont enfuis.

7 **Complète chaque phrase par le déterminant qui convient.**

a. (*Nos* • *Notre*) ... voisins promènent (*leur* • *leurs*) ... chien.
b. (*Ma* • *Mes*) ... cousine est violoniste depuis (*son* • *ses*) ... six ans.
c. Vous rangez (*notre* • *votre*) ... chambre avant de vous coucher.
d. (*Ce* • *Cet*) ... petit garçon a mis (*ces* • *ses*) ... chaussettes à l'envers.
e. (*Ces* • *Ses*) ... cultivateurs ont fait une bonne récolte (*cet* • *cette*) ... année.

8 **Donne la nature de chaque mot souligné.**

a. Je vais à <u>la</u> <u>piscine</u> tous <u>les</u> <u>jours</u>.
b. <u>Mes</u> <u>parents</u> aiment beaucoup <u>ce</u> <u>film</u>.

Unité 2

Le verbe au présent et son sujet

L'infinitif et les groupes de verbes

Séance 7

➜ Mes rituels quotidiens : Analyse page 155

J'observe

Julia **patiente** dans la file.

▶ **Patiente** est le **verbe conjugué**.
Patienter est le verbe à l'**infinitif**.

▶ L'**infinitif** sert à nommer le verbe. Il est invariable : il ne change pas selon la personne et le temps.

▶ Les verbes se classent en **trois groupes**.

1er groupe	2e groupe	3e groupe
– infinitif en **-er** – sauf le verbe **aller**	– infinitif en **-ir** – radical en -iss- au pluriel	– tous les autres verbes
chanter, danser, parler…	*finir (nous finissons), choisir (nous choisissons)…*	*boire, voir, prendre, aller, partir…*

1 **Indique si les verbes soulignés sont conjugués ou à l'infinitif.**

a. Nous allons tous dans la cour pour jouer au ballon.
b. Pour faire des crêpes, il achète des œufs et du lait.
c. J'entends l'oiseau chanter sur sa branche.
d. Avant de partir, il embrasse ses parents.
e. Tu observes ton frère faire des tours de magie.

2 **Donne l'infinitif des verbes suivants.**

a. Elle aime.
b. Nous écrivons.
c. Tu demandes.
d. Ils comprennent.
e. J'ouvre.
f. Il fait.
g. Vous apercevez.
h. Elles réussissent.

Pour trouver l'infinitif, je peux dire « il faut » :
Julia **patiente**.
➜ Il faut **patienter**.

3 **Donne le groupe des verbes suivants.**

déclarer | élargir | pardonner | vendre | mettre | rougir | vivre

4 **Donne l'infinitif et le groupe des verbes soulignés.**

a. Je découvre le menu du jour.
b. Vous parlez plusieurs langues.
c. Tu indiques le groupe du verbe.
d. Attention, ce chien mord parfois.
e. Nous allons au marché le dimanche.
f. Sa peau rougit au soleil.

5 **Identifie chaque verbe, puis donne son infinitif et son groupe.**

a. Je skie tous les hivers.
b. Avec le temps, les affiches jaunissent.
c. Tu obéis à tes parents.
d. Aujourd'hui, j'apprends à préparer des pâtes.
e. Avant d'entrer dans la classe, nous attendons devant la porte.

6 **Réponds à chaque devinette par un verbe à l'infinitif.**

a. Léo casse des œufs dans un saladier. Il les bat avec un fouet, puis il ajoute du sel et du poivre. → Léo est en train de … .
b. L'avion s'approche du sol. Les roues sont sorties et les passagers sont assis et attachés. → L'avion est en train d'… .
c. Les athlètes vont de plus en plus vite, car ils voient la ligne d'arrivée. Ils sont essoufflés. → Ils sont en train de … .

À ton tour !

→ **Invente trois phrases au présent pour dire ce que tu fais durant l'heure du déjeuner. Tu peux utiliser les verbes suivants.**

jouer | courir | rire | parler | choisir | déjeuner | rentrer

→ Mes rituels quotidiens : **Dictée page 155**

Le verbe d'action et le verbe d'état

Séance 8

J'observe

→ Mes rituels quotidiens : Analyse page 155

Tous les jours, le cuisinier **prépare** le repas.
Il **semble** heureux.

Les verbes d'action sont les verbes les plus nombreux.

Le verbe exprime :

▶ une **action**.
Le verbe **prépare** indique que le cuisinier fait quelque chose. C'est un **verbe d'action**.

▶ un **état**.
Le verbe **semble** indique une manière d'être. C'est un **verbe d'état**, comme : **être**, **sembler**, **paraître**, **rester**, **demeurer**, **devenir**…

1 Pour chaque verbe souligné, indique s'il s'agit d'un verbe d'action ou d'un verbe d'état.

a. Elle paraît sûre d'elle.
b. Elles semblent d'accord.
c. Vous hurlez de joie.
d. Il écrit à sa tante.
e. Tu fouilles dans ton sac.
f. Tu es un vrai ami.
g. Nous restons dans la cour.
h. Je parle doucement.

2 Identifie chaque verbe et indique s'il s'agit d'un verbe d'action ou d'un verbe d'état.

a. Il paraît triste depuis quelques jours.
b. Je joue très bien aux échecs.
c. Nous restons attentifs à la leçon.
d. Ma voisine chante comme un rossignol !
e. Margaux grignote un morceau de pain.
f. Mon chat est très solitaire.

3 **Identifie chaque verbe, donne son infinitif et indique s'il s'agit d'un verbe d'action ou d'un verbe d'état.**

a. Tu croises souvent ton voisin au supermarché.
b. Vassili reste émerveillé devant un si beau spectacle.
c. Nous sommes fiers de toi.
d. Vous travaillez dans une banque.

4 **Complète par un verbe d'état au présent.**

a. Je ... de bonne humeur.
b. Vous ... impatients.
c. Ils ... prêts.
d. Tu ... contrariée, que se passe-t-il ?

5 **Remplace le verbe être par un autre verbe d'état au présent parmi les verbes suivants.**

sembler | paraître | rester | devenir | demeurer

a. Lola est de mauvaise humeur aujourd'hui.
b. Nous sommes quelques jours chez nos grands-parents.
c. Tu es de plus en plus grand.
d. Vous êtes rue des Camélias, à Quimper.
e. Dans ce parc naturel, les animaux sont en liberté.
f. À la fin de la semaine, Laurent est fatigué.

6 **Identifie chaque verbe et analyse-le comme dans l'exemple.**

Exemple : <u>est</u> → ***être***, *verbe d'état*

Le clown est dans sa loge.
Il applique son maquillage avec soin, enfile ses grandes chaussures rouges et prépare son numéro.
Il reste un moment en coulisses ; il observe les autres artistes déjà en piste.
Il entre enfin sur scène. Il semble si heureux face au public !

À ton tour !

→ **Invente trois phrases avec chacune un verbe d'état et un verbe d'action.**
Aide-toi de l'image page 8.

→ Mes rituels quotidiens : **Dictée page 155**

Le verbe et les personnes

Séance 9

→ Mes rituels quotidiens : Analyse page 156

J'observe

Marie surveille la cantine.
Elle aide les enfants.

Marie, c'est la 3^{e} personne du singulier **elle**.

▶ Le **pronom** est un mot qui joue le rôle d'un nom.

▶ Les **pronoms personnels** indiquent les personnes.

▶ Voici les pronoms personnels sujets :

Sujets	Singulier	Pluriel
1re personne	**je**	**nous**
2e personne	**tu**	**vous**
3e personne	**il / elle**	**ils / elles**

Marie et Luc, c'est la 3e personne du pluriel **ils**.

1 **Donne les pronoms personnels sujets demandés.**

a. 1re personne du pluriel
b. 3e personne du singulier féminin
c. 3e personne du pluriel masculin
d. 2e personne du singulier
e. 1re personne du singulier
f. 2e personne du pluriel

2 **Dans chaque phrase, identifie le verbe, puis le pronom personnel sujet.**

a. À 13 h 30, ils retournent en classe.
b. Aujourd'hui, tu rentres seul de l'école.
c. Dans mon cahier, je souligne la date.
d. Sur la plage, nous ramassons toujours beaucoup de coquillages.
e. Chaque soir, vous lisez quelques pages de votre livre.

3 **Indique la personne de conjugaison de chaque verbe.**

Exemple : *Elles rêvent.* → *Elles : 3e personne du pluriel*

a. Ils travaillent.
b. Tu cherches.
c. Il chante.
d. Vous riez.
e. J'efface.
f. Elles écrivent.
g. Elle court.
h. Je réfléchis.
i. Nous changeons.

4 **Complète chaque phrase par un pronom personnel sujet.**

a. Léo est tombé, … a mal.
b. Noémie et Sophie sont en retard, … se dépêchent.
c. Renan et Karim se réveillent, … vont prendre leur petit déjeuner.
d. Ton frère et toi montez à l'étage, … allez ranger vos chambres.
e. Hugo et moi partons en vacances, … allons dans les Alpes.

5 **Remplace les mots soulignés par un pronom personnel sujet.**

a. Mon crayon tombe sur le sol.
b. Gabin et moi courons à la même vitesse.
c. Les loups vivent en meute.
d. Tes chaussures sont beaucoup trop petites.
e. Ta famille et toi vivez à la campagne.

6 **Identifie chaque pronom personnel sujet et analyse-le comme dans l'exemple.**

Exemple : *Je suis là.*

→ *1re personne du singulier, sujet du verbe* ***suis***

a. Nous remercions le cuisinier.
b. Elle remplit une carafe d'eau fraîche.
c. Je mange une tartine de confiture.
d. Vous portez votre plateau.
e. Tu dis bonjour à ton ami.
f. Ils discutent avec leur voisin.

À ton tour !

→ **Invente trois phrases au présent pour dire ce que tes amis et toi aimez manger.**

Utilise à chaque fois un pronom personnel sujet différent.

→ Mes rituels quotidiens : **Dictée page 156**

Le sujet du verbe (1)

Séance 10

→ Mes rituels quotidiens : Analyse page 156

J'observe

La cantinière sert les élèves.
Marcus et Gloria sont affamés.

▶ Le sujet est **la personne**, **l'animal** ou **la chose** qui fait l'action ou se trouve dans l'état exprimé par le verbe.

▶ Le sujet commande l'accord du verbe de la phrase :
Nicolas chante. ***Les** solistes **chantent**.*

Pour trouver la terminaison du verbe, je remplace les noms sujets par un pronom personnel sujet :
Les solistes chant**ent** → **Ils** chant**ent**.

1 Identifie le sujet de chaque verbe.

a. Mehdi regarde le menu avec attention.
b. Les enfants aiment les frites.
c. Thomas et Gabriel sont en retard.
d. Le lundi, la classe de CP déjeune en premier.
e. Les cuisiniers travaillent avec passion.

Je repère d'abord le verbe, puis je pose la question :
Qu'est-ce qui … ?
Qui est-ce qui … ?

2 Dans chaque phrase, identifie le verbe et son sujet.

a. À 11 h 45, la cloche sonne.
b. Nous enfilons notre manteau.
c. Madame Durand tape dans ses mains à la fin de la pause.
d. Chaque mercredi, tu joues au tennis de table.
e. Ma classe est au premier étage.

3 **Donne la personne de conjugaison de chaque sujet souligné.**

a. Marie prépare un gâteau au yaourt.
b. Ce soir, mes parents reçoivent des amis pour le dîner.
c. Les tartelettes cuisent dans le four.
d. Le midi, Romain et moi déjeunons à la même table.
e. Julie et toi partagez les mêmes goûts.

4 **Remplace chaque sujet souligné par le pronom personnel qui correspond.**

a. La maîtresse pose une question.
b. Charles et ses camarades se dirigent vers la salle de sport.
c. Mon frère jumeau et moi sommes dans la même classe.
d. Chaque matin, Olga et toi prenez un bon petit déjeuner.

5 **Identifie le sujet et donne la personne de conjugaison auquel il correspond, puis remplace-le par le pronom personnel sujet qui convient.**

a. Ma sœur adore le caramel au beurre salé.
b. Nora achète des tablettes de chocolat noir.
c. Régulièrement, tes frères cuisinent pour vos parents.
d. Au petit déjeuner, Lucas mange des fruits.
e. Pour cette recette, Jeanne et Fiona mélangent la farine et le sucre.

6 **Identifie chaque sujet et analyse-le comme dans l'exemple.**

Exemple : *Je suis assoiffé.*
→ *pronom personnel, 1re personne du singulier, sujet du verbe* ***suis***

a. Il rêve de devenir cuisinier.
b. Elle tente une nouvelle recette de gâteau.
c. Nous enfilons un beau tablier.
d. Elles attendent l'heure du goûter.

→ Mes rituels quotidiens : **Dictée page 156**

Le sujet du verbe (2)

Séance 11

→ Mes rituels quotidiens : **Analyse page 156**

J'observe

L'élève choisit une entrée.

Marcus, avec son plateau, avance et prend un dessert.

L'élève est le sujet du verbe **choisit**. C'est sa fonction.

Marcus est le sujet des verbes **avance** et **prend**.

▶ Le plus souvent, le **sujet** est placé avant le verbe.

▶ Le **sujet** peut être séparé du verbe.

Un verbe peut commander plusieurs sujets : **La banane** et **la pomme** sont des fruits.

1 **Identifie le sujet de chaque verbe.**

a. La pluie tombe depuis deux jours.
b. Dans le pré broutent les vaches laitières.
c. Les élèves, pendant la récréation, s'amusent beaucoup.
d. En novembre, les jours raccourcissent progressivement.
e. Sur un tapis de feuilles sèches dorment les biches.

Le sujet n'est pas toujours placé devant le verbe. Pour le trouver, je pose la question : **Qu'est-ce qui … ?** **Qui est-ce qui … ?**

2 **Identifie les deux verbes et indique le sujet qui les commande.**

a. Igor vise et marque un superbe but.
b. En cuisine, nous apprenons et découvrons de nouvelles recettes.
c. Willy récite et mime son texte à la perfection.
d. Dans le four cuisent et brunissent des sablés.
e. Avec ses amis, ma sœur rit et joue tout l'après-midi.

3 **Déplace les mots de la phrase pour que le sujet ne soit plus séparé du verbe.**

a. Les élèves, avant chaque repas, lavent leurs mains.
b. La cloche, à midi, sonne et annonce l'heure du repas.
c. Dimitri, avec soin, range ses affaires et s'assoit.
d. Mes parents et moi, à chaque occasion, visitons une exposition.
e. Valentine, à son retour de l'école, répète son morceau de violon.

4 **Complète chaque phrase en ajoutant deux verbes.**

Exemple : *Le soleil* ... → *Le soleil* ***brille*** *et* ***réchauffe*** *la campagne.*

a. Brice ...
b. Mes amis ...
c. Les instrumentistes ...
d. Le sculpteur ...
e. Mozart ...
f. La cuisinière ...

5 **Complète chaque phrase en ajoutant les sujets de ton choix.**

Exemple : ***Le trombone*** *et* ***le cor*** *sont des instruments à vent.*

a. ... et ... répètent la chorégraphie du spectacle.
b. ... et ... assisteront au spectacle.
c. ... et ... font un gâteau au chocolat.
d. ... et ... sont des animaux sauvages.
e. ... et ... sont des personnages célèbres.

6 **Identifie chaque sujet et analyse-le comme dans l'exemple.**

Exemple : *Elle va à la boulangerie.*
→ *pronom personnel, 3e personne du singulier, sujet du verbe* ***va****.*

a. Ils jouent dans la cour.
b. Chaque mercredi, il fait du solfège.
c. Vous écoutez et répétez la chanson.

À ton tour !

→ **Invente une phrase avec :**

a. deux sujets et un verbe.
b. un sujet et deux verbes.

→ Mes rituels quotidiens : **Dictée page 156**

Le présent des verbes du 1er groupe (1)

Séance 12

→ Mes rituels quotidiens : Analyse page 157

J'observe

Nous **déjeunons** tous les jours à la cantine.

▶ **Déjeunons** est le verbe **déjeuner** au présent.

▶ Les verbes du **1er groupe** au **présent** :

Déjeuner	Singulier	Pluriel
1re personne	je déjeune	nous déjeunons
2e personne	tu déjeunes	vous déjeunez
3e personne	il / elle déjeune	ils / elles déjeunent

▶ Les verbes en **-ger** s'écrivent ge devant **ons**.
*Nous **mangeons** des légumes.*

▶ Les verbes en **-cer** s'écrivent avec un ç devant **ons**.
*Nous **commençons** par l'entrée.*

manger	commencer
je mange	je commence
tu manges	tu commences
il / elle mange	il / elle commence
nous mangeons	nous commençons
vous mangez	vous commencez
ils / elles mangent	ils / elles commencent

1 Conjugue chaque verbe au présent à toutes les personnes.

donner — lancer — bouger — tracer — ranger

2 **Donne l'infinitif des verbes suivants.**

a. J'allume.
b. Nous balançons.
c. Tu dévores.
d. Elles grincent.
e. Vous grillez.
f. Je rentre.
g. Il charge.
h. Elle trace.
i. Nous logeons.

3 **Complète chaque phrase par le verbe au présent.**

a. Tu (*parler*) avec ta voisine.
b. Pauline (*jouer*) aux billes avec son frère.
c. Lucas et toi (*corriger*) un exercice de conjugaison.
d. Nous (*tracer*) un segment de dix centimètres.
e. La maîtresse et la directrice (*échanger*) quelques mots ensemble.

4 **Mets le sujet de chaque phrase à la personne demandée et accorde le verbe au présent.**

a. Je jongle avec des pommes. → 2e personne du pluriel
b. Tu émінces des oignons. → 1re personne du pluriel
c. Elles trient des papiers. → 3e personne du singulier
d. Nous comptons jusqu'à 100. → 3e personne du pluriel

5 **Complète chaque phrase par un sujet et le verbe au présent à la personne demandée.**

a. *marcher*, 2e personne du pluriel → … sur un sentier escarpé.
b. *pousser*, 3e personne du singulier → … le caddie au supermarché.
c. *interroger*, 1re personne du pluriel → … très souvent la maîtresse.
d. *regarder*, 2e personne du singulier → … rarement la télévision.

6 **Identifie chaque verbe et analyse-le comme dans l'exemple.**

Exemple : *Ils aiment cette histoire.*
→ *verbe **aimer**, 1er groupe, présent, 3e personne du pluriel*

a. Les cuisiniers de la cantine préparent le déjeuner.
b. Nous proposons un menu appétissant.
c. Iris place la carafe d'eau sur la table.

→ Mes rituels quotidiens : **Dictée page 157**

Le présent des verbes du 1er groupe (2)

Séance 13

J'observe

→ Mes rituels quotidiens : Analyse page 157

Nicolas **essuie** sa bouche.
Iris **appelle** une surveillante.
Julia **pèle** une pomme.
Ils **jettent** les déchets à la poubelle.

- Les verbes en **-yer** changent le **y** du radical en i devant les finales muettes **e**, **es**, **ent**.
- Les verbes en **-er** qui ont un **e** dans l'avant-dernière syllabe de leur infinitif s'écrivent avec è devant les finales muettes **e**, **es**, **ent**.
- **Attention** : dans **appeler**, **jeter** et les verbes de leur famille, on double le **l** ou le **t**.

essuyer	peler	appeler	jeter
j'essuie	je pèle	j'appelle	je jette
nous essuyons	nous pelons	nous appelons	nous jetons

1 **Conjugue chaque verbe au présent à toutes les personnes.**

rayer | modeler | rejeter | cacheter | rappeler

2 **Complète chaque phrase par un pronom personnel sujet.**

a. … appuyez sur la sonnette.
b. … renouent avec une vieille connaissance.
c. … épelles ton prénom.
d. … volette au-dessus de son nid.
e. … convions nos amis à une fête.

3 **Complète chaque phrase par le verbe au présent.**

a. Tu (*acheter*) des fruits et des légumes au marché.
b. Alice (*chanter*) à tue-tête dans sa chambre.
c. Ils (*nettoyer*) les placards de la cuisine.
d. Ma mère (*congeler*) de bons petits plats.
e. Je (*trouer*) mon pantalon dans ma chute.

4 **Mets le sujet de chaque phrase à la personne demandée et accorde le verbe au présent.**

a. Il chancèle sous le poids du colis. → 1re personne du pluriel
b. Nous jetons un mouchoir. → 3e personne du singulier
c. Vous épelez le nom de la ville. → 2e personne du singulier
d. Elles congèlent de la viande. → 1re personne du singulier

5 **Complète chaque phrase par un sujet et le verbe au présent à la personne demandée.**

a. *tutoyer*, 3e personne du singulier → … ses camarades de classe.
b. *feuilleter*, 1re personne du pluriel → … un magazine de football.
c. *secouer*, 3e personne du pluriel → … la bouteille de jus d'orange.
d. *étudier*, 2e personne du singulier → … ta leçon de grammaire.

6 **Identifie chaque verbe et analyse-le comme dans l'exemple.**

Exemple : *Nous balayons le sol.*
→ *verbe* ***balayer****, 1er groupe, présent, 1re personne du pluriel*

a. Chaque année, je renouvèle mon abonnement.
b. L'hiver, l'eau du lac gèle.
c. Tu nettoies la table après le déjeuner.

À ton tour !

→ **Invente trois phrases au présent avec les pronoms personnels sujets et les verbes suivants.**

l'étoile • étinceler | les bûcherons • scier | le chien • aboyer

→ Mes rituels quotidiens : **Dictée page 157**

Le présent des verbes des 2e et 3e groupes

Séance 14

J'observe

→ Mes rituels quotidiens : Analyse page 157

Lucas **finit** son assiette.
Zoé et Paul **boivent** un verre d'eau.

▶ **finit** est le verbe **finir** au présent.

▶ **boivent** est le verbe **boire** au présent.

▶ Les verbes du 2e groupe et la plupart des verbes du 3e groupe se construisent avec les mêmes terminaisons.

Verbes du 2e groupe	Verbes du 3e groupe
finir	**boire**
je finis	je bois
tu finis	tu bois
il / elle finit	il / elle boit
nous finissons	nous buvons
vous finissez	vous buvez
ils / elles finissent	ils / elles boivent

1 **Conjugue chaque verbe au présent à toutes les personnes.**

partir | rire | obéir | écrire

2 **Complète par un pronom personnel sujet.**

a. ... nourrit les canards de l'étang.
b. Est-ce que ... crois que c'est vrai ?
c. ... agissons avec prudence.
d. ... relisent la consigne.
e. ... ne désobéissez jamais.
f. ... construit un château de sable.

3 Complète chaque phrase avec le verbe au présent.

a. Nous (*savoir*) notre poésie par cœur.
b. Durant le match, vous (*unir*) vos forces.
c. Écoute les éléphants du zoo, ils (*barrir*).
d. Quel beau bouquet, il (*sentir*) si bon !

4 Mets le sujet de chaque phrase à la personne demandée et accorde le verbe au présent.

a. Je bondis de joie ! → 2e personne du pluriel
b. Tu rougis de timidité. → 3e personne du pluriel
c. Elles décrivent le paysage. → 1re personne du singulier
d. Nous ne conduisons pas encore. → 2e personne du singulier

5 Réponds aux questions suivantes par une phrase au présent.

a. Quand pars-tu en vacances ?
b. À quoi réfléchissez-vous pour faire cet exercice ?
c. Que lisent tes parents pour s'informer ?

6 Identifie chaque verbe et analyse-le comme dans l'exemple.

Exemple : *Je finis l'exercice.*
→ *verbe* ***finir****, 2e groupe, présent, 1re personne du singulier*

a. Ma tante vit à New York.
b. Les élèves obéissent à la directrice.
c. Je sors de chez moi à huit heures pour aller à l'école.

À ton tour !

→ **Pour chaque image, invente une phrase au présent avec le verbe donné.**

salir

sentir

réfléchir

→ Mes rituels quotidiens : **Dictée page 157**

Le présent des verbes *être* et *avoir*

Séance 15

J'observe

→ Mes rituels quotidiens : Analyse page 158

Les enfants **sont** à table, ils **ont** faim.

- **Sont** est le verbe **être** au présent.
- **Ont** est le verbe **avoir** au présent.
- Les verbes être et avoir sont irréguliers. Il faut bien les connaître.

être	avoir
je suis	j'ai
tu es	tu as
il / elle est	il / elle a
nous sommes	nous avons
vous êtes	vous avez
ils / elles sont	ils / elles ont

1 **Conjugue les verbes être et avoir à toutes les personnes.**

2 **Complète chaque phrase par le verbe être ou avoir au présent.**

a. Vous … des taches de rousseur.
b. Je … dans ma chambre.
c. J'… besoin de plus de temps.
d. Mes sœurs … plus âgées que moi.
e. Ces enfants … de la chance.
f. Dounia … la plus grande.

3 **Complète chaque phrase par un pronom personnel sujet.**

a. … suis en retard à mon rendez-vous.
b. … sont en week-end à la campagne.
c. … avez mal au poignet.
d. … sommes en train de déjeuner.
e. À midi, … as très faim.

4 Complète chaque phrase par le verbe avoir au présent.

a. Juliette ... une faim de loup.
b. Tu ... de belles fleurs dans ton jardin.
c. Amir ... un coup de soleil sur le nez.
d. Vous ... besoin de retrouver vos clés.
e. Malika et Sam ... un entraînement de judo.
f. J'... envie d'un grand verre d'eau fraîche.

5 Complète chaque phrase par le verbe être au présent.

a. Nous ... en train de jouer à cache-cache.
b. Sara ... toujours en retard !
c. Djibril ... chez le coiffeur.
d. Tu ... le grand vainqueur du concours !
e. Lucie et son père ... dans la cuisine.
f. Yann ... malade aujourd'hui.

6 Réponds aux questions suivantes par une phrase au présent.

a. Où est ton vélo ?
b. Avez-vous soif ?
c. Pourquoi es-tu en retard ?
d. Où as-tu mal ?

7 Identifie chaque verbe et analyse-le comme dans l'exemple.

Exemple : *Tu as un joli sourire.*
→ *verbe **avoir**, 3e groupe, présent, 2e personne du singulier*

a. Je suis en retard.
b. Nous avons deux chats.
c. Vous êtes pressés de partir en vacances.
d. Gaëlle et Victoria ont les cheveux courts.

À ton tour !

→ **Invente une phrase au présent pour parler de ta journée. Utilise les verbes être et avoir.**

→ Mes rituels quotidiens : **Dictée page 158**

Le présent des verbes *dire* et *faire*

Séance 16

J'observe

→ Mes rituels quotidiens : **Analyse page 158**

Marie **fait** le service.
Les enfants **disent** merci.

▶ **Fait** est le verbe **faire** au présent.

▶ **Disent** est le verbe **dire** au présent.

dire	faire
je dis	je fais
tu dis	tu fais
il / elle dit	il / elle fait
nous disons	nous faisons
vous dites	vous faites
ils / elles disent	ils / elles font

Les conjugaisons de **faire** et de **dire** se ressemblent.

1 **Conjugue les verbes dire et faire à toutes les personnes.**

2 **Complète chaque phrase par un pronom personnel sujet.**

a. ... ne fais jamais de bêtises.
b. ... lui disent de se taire.
c. ... ne fais rien de mal.
d. ... faisons des gaufres.
e. ... fait ses devoirs chaque soir.
f. ... faites de délicieuses tartes.

Plusieurs réponses sont parfois possibles !

3 **Complète chaque phrase par le verbe dire ou faire au présent.**

a. Nous ... toujours la vérité.
b. Vous lui ... où aller.
c. Ils ... la vaisselle.
d. Nous ... nos devoirs.
e. Vous ... une pâte à crêpes.
f. Ils me ... quoi faire.

4 Complète chaque phrase par le verbe dire au présent.

a. Je lui ... qu'elle est magnifique.
b. Elles ... ce qu'elles pensent.
c. Mélanie ... qu'elle a mal à la cheville.
d. Tu ... la réponse à haute voix.
e. Nous ... bonjour à la maîtresse.
f. Ton frère et toi ne ... jamais de gros mots.

5 Complète chaque phrase par le verbe faire au présent.

a. Tu ne ... aucune promesse.
b. Les enfants ... leur cartable tous les soirs.
c. Mehdi ne ... plus de cauchemars la nuit.
d. Nous ... du vélo sans roulettes.
e. Vous ... les courses au supermarché.
f. Augustin ... ses lacets.

6 Réponds aux questions suivantes par une phrase au présent.

a. Quel temps fait-il ?
b. Que dites-vous au maître en arrivant le matin ?
c. Où fais-tu tes courses ?
d. Dis-tu toujours la vérité ?
e. Quel sport fais-tu ?

7 Identifie chaque verbe et analyse-le comme dans l'exemple.

Exemple : *Il fait un gâteau.*
→ *verbe* ***faire****, 3ᵉ groupe, présent, 3ᵉ personne du singulier*

a. Nous disons bonjour en arrivant en classe.
b. Je fais souvent le même rêve.
c. Mes sœurs font un tour à vélo.
d. Vous dites merci poliment

À ton tour !

→ **Invente deux phrases au présent avec dire et deux autres avec faire.**

→ Mes rituels quotidiens : **Dictée page 158**

Le présent des verbes *aller* et *venir*

Séance 17

→ Mes rituels quotidiens : **Analyse page 158**

J'observe

Malo **vient** de finir la carafe.
Luc **va** la remplir à la fontaine.

▶ **Vient** est le verbe **venir** au présent.

▶ **Va** est le verbe **aller** au présent.

venir	aller
je viens	je vais
tu viens	tu vas
il / elle vient	il / elle va
nous venons	nous allons
vous venez	vous allez
ils / elles viennent	ils / elles vont

Le verbe **tenir** ainsi que les dérivés de **venir** et **tenir** se conjuguent comme **venir**.

▶ **aller** et **venir** sont deux verbes de mouvement.

▶ Le verbe **venir** peut aussi exprimer le passé proche lorsqu'il est suivi de la préposition **de** et d'un infinitif. *Je **viens** de me laver les mains.*

▶ Le verbe **aller** peut aussi exprimer le futur proche lorsqu'il est suivi d'un infinitif. *Je **vais** finir mon exercice.*

1 Conjugue les verbes aller et venir à toutes les personnes.

2 Complète chaque phrase par un pronom personnel sujet.

a. ... venons du marché.
b. ... vont bientôt la revoir.
c. ... va gagner son match.
d. ... vais faire un footing.
e. ... allez au cinéma.
f. ... viennent de peindre ce mur.

3 **Complète chaque phrase par le verbe venir au présent.**

a. Je ... de rentrer de l'école.
b. Magali ne ... pas au marché avec nous.
c. Tu ... au cinéma avec moi.
d. Nous ... de croiser Madame Thomas.
e. Miguel et Diego ... souvent chez moi.

4 **Complète chaque phrase par le verbe aller au présent.**

a. Tu ... t'asseoir à ta place.
b. Vous ne ... pas jouer dehors.
c. Ma cousine ... très bien.
d. Elles ... rentrer vers 18 heures.
e. Mario ... au musée d'Orsay.
f. Je ne ... plus à la garderie.

5 **Identifie les verbes aller et venir, puis indique s'ils expriment le passé proche ou le futur proche.**

a. Elsa va avoir 10 ans demain.
b. Yanis et moi allons à la cantine ensemble.
c. Elle vient de finir son travail.
d. Romane et Léo viennent de gagner leur match.

6 **Mets le sujet de chaque phrase à la personne demandée et accorde le verbe au présent.**

a. Il devient de plus en plus sage. → 2e personne du singulier
b. Elles vont à la mer. → 1re personne du singulier
c. Nous revenons de vacances. → 2e personne du pluriel
d. Elle va à la bibliothèque ! → 3e personne du pluriel

7 **Identifie chaque verbe et analyse-le comme dans l'exemple.**

Exemple : *Je viens avec toi.*
→ *verbe **venir**, 3e groupe, présent, 1re personne du singulier*

a. Attention, tu vas te blesser !
b. Je préviens de mon arrivée.
c. Elles vont à la montagne.
d. Hugo vient chez moi ce soir.

À ton tour !

→ **Invente une phrase au présent avec chaque expression.**

aller à la maison | venir de Nantes

→ Mes rituels quotidiens : **Dictée page 158**

Le présent des verbes *voir* et *prendre*

Séance 18

J'observe

→ Mes rituels quotidiens : Analyse page 159

Marcus **prend** un dessert.
Julia **voit** son amie à une table.

▶ **prend** est le verbe **prendre** au présent.

▶ **voit** est le verbe **voir** au présent.

voir	prendre
je vois	je prends
tu vois	tu prends
il / elle voit	il / elle prend
nous voyons	nous prenons
vous voyez	vous prenez
ils / elles voient	ils / elles prennent

Les verbes dérivés de **prendre** et de **voir** se conjuguent de la même manière.
revoir → vous **revoyez**
comprendre → nous **comprenons**

▶ À la 1re et 2e personnes du pluriel, le radical du verbe **voir** devient voy-.

1 **Conjugue les verbes voir et prendre à toutes les personnes.**

2 **Complète chaque phrase par un pronom personnel sujet.**

a. … prends ma douche le soir avant de me coucher.
b. … vois bien qu'il est malade !
c. Aujourd'hui, … ne prend pas son manteau.
d. … reprenons du dessert.
e. … voyez ce que je veux dire.
f. … ne voient pas bien sans lunettes.

3 **Complète chaque phrase par le verbe voir au présent.**

a. Louis ... son professeur de piano.
b. Vous ... des nuages à l'horizon.
c. Ton stylo est sous tes yeux, ne le ...-tu pas ?
d. Les chats ... très bien la nuit.

4 **Complète chaque phrase par le verbe prendre au présent.**

a. Lisa ... son crayon dans sa trousse.
b. Tu ... rendez-vous chez le coiffeur.
c. Mes cousins ne ... jamais l'avion.
d. Nous ... un bon chocolat chaud.

5 **Complète chaque phrase avec le verbe au présent.**

a. Tu (*apprendre*) ta poésie.
b. Vous (*revoir*) votre leçon de français.
c. Nous (*comprendre*) un peu l'anglais.
d. Cette petite fille (*surprendre*) par son intelligence.

6 **Mets le sujet de chaque phrase à la personne demandée et accorde le verbe au présent.**

a. Ce pompier voit un incendie. → 3e personne du pluriel
b. Tu reprends une tartine de pain. → 3e personne du pluriel
c. Nous prenons de ses nouvelles. → 2e personne du pluriel
d. Elle entrevoit une solution au problème. → 1re personne du pluriel

7 **Identifie chaque verbe et analyse-le comme dans l'exemple.**

Exemple : *Je prends du pain*
→ *verbe* ***prendre****, 3e groupe, présent, 1re personne du singulier*

a. Vous surprenez le chat en pleine chasse.
b. Nous voyons notre grand-mère dimanche.

À ton tour !

→ **Invente deux phrases au présent avec voir et deux autres avec prendre.**

→ Mes rituels quotidiens : **Dictée page 159**

Le présent des verbes *pouvoir* et *vouloir*

Séance 19

→ Mes rituels quotidiens : Analyse page 159

J'observe

Robin **veut** plus de dessert.
Pauline **peut** couper sa viande.

▶ **veut** est le verbe **vouloir** au présent.

▶ **peut** est le verbe **pouvoir** au présent.

pouvoir	vouloir
je peux	je veux
tu peux	tu veux
il / elle peut	il / elle veut
nous pouvons	nous voulons
vous pouvez	vous voulez
ils / elles peuvent	ils / elles veulent

Les terminaisons des verbes **pouvoir** et **vouloir** au singulier sont : -x, -x, -t.

1 **Conjugue les verbes vouloir et pouvoir à toutes les personnes.**

2 **Complète chaque phrase par un pronom personnel sujet.**

a. … veut prendre une douche.
b. … peux enlever ton manteau.
c. … ne veulent pas de dessert.
d. … voulez réciter le poème.
e. … pouvons fermer la porte.
f. … ne veux pas mettre mon pull.

3 **Complète chaque phrase par le verbe pouvoir au présent.**

a. Alice … calculer très vite.
b. Tu … jongler avec trois balles.
c. Julien … lire tout seul.
d. Je ne … pas boire du café.
e. Elles … chanter fort et juste.
f. Épuisés, vous ne … plus courir.

4 **Complète chaque phrase par le verbe vouloir au présent.**

a. Juliette ... aller dans sa cabane.
b. Vous êtes fatigués, vous ne ... plus travailler.
c. Je ... manger une glace au citron.
d. Les supporteurs ... aller au stade pour soutenir leur équipe.
e. Léa ne ... plus jouer à ce jeu.
f. Nous ... visiter Paris et ses musées.

5 **Complète chaque phrase par le verbe au présent.**

a. Nous (*vouloir*) absolument vous voir !
b. Karim (*vouloir*) lire le conte *Hansel et Gretel*.
c. Je (*vouloir*) rentrer chez moi.
d. Tu ne (*pouvoir*) plus continuer.
e. Adèle et Gloria (*pouvoir*) nager sans bouée.
f. Vous (*pouvoir*) prendre le bus pour aller à la gare.

6 **Mets le sujet de chaque phrase à la personne demandée et accorde le verbe au présent.**

a. Je peux gagner cette compétition. → 3e personne du pluriel
b. Tu veux les rejoindre. → 3e personne du singulier
c. Nous pouvons le faire ensemble. → 2e personne du pluriel
d. Il veut être délégué de classe. → 1re personne du singulier

7 **Identifie chaque verbe et analyse-le comme dans l'exemple.**

Exemple : *Je <u>veux</u> boire de l'eau.*
→ *verbe **vouloir**, 3e groupe, présent, 1re personne du singulier*

a. Ils peuvent écrire un poème.
b. Nous voulons aider la maîtresse.

À ton tour !

→ **Invente deux phrases au présent pour parler des récréations à l'école. Utilise les verbes pouvoir et vouloir.**

→ Mes rituels quotidiens : **Dictée page 159**

Ce que j'ai appris

Séance 20

▸ Le sujet du verbe

Le sujet est la personne, l'animal ou la chose qui fait l'action ou se trouve dans l'état exprimée par le verbe.

▸ Le verbe

Les groupes :

1er groupe : **er** (sauf **aller**)

2e groupe : **ir** → radical avec **-iss-**

3e groupe : tous les autres verbes

Le verbe se conjugue.

Il déjeune à la cantine.

radical : sens du verbe

terminaison : marque de personne

Le verbe

Le verbe d'action :
il exprime ce que fait le sujet.
*Il **déjeune** à la cantine.*

Le verbe d'état :
il décrit l'état du sujet.
*Il **est** affamé.*

▸ Le présent

1er groupe		
déjeuner	**geler**	**appeler**
je déjeune	je gèle	j'appelle
tu déjeunes	tu gèles	tu appelles
il / elle déjeune	il / elle gèle	il / elle appelle
nous déjeunons	nous gelons	nous appelons
vous déjeunez	vous gelez	vous appelez
ils / elles déjeunent	ils / elles gèlent	ils / elles appellent

2e groupe	3e groupe	
finir	**dire**	**pouvoir**
je finis	je dis	je peux
tu finis	tu dis	tu peux
il / elle finit	il / elle dit	il / elle peut
nous finissons	nous disons	nous pouvons
vous finissez	vous disez	vous pouvez
ils / elles finissent	ils / elles disent	ils / elles peuvent

Je révise

1 Donne l'infinitif et le groupe de chaque verbe.

a. Nous nageons.
b. Tu grandis.
c. Vous pouvez.
d. Je rêve.
e. Tu as.
f. Elles grognent.
g. Il vient.
h. Tu peux.
i. Vous venez.
j. Elles veulent.
k. Nous bâtissons.
l. Elle est.

2 Indique le groupe de chaque verbe. Donne le radical et la terminaison.

a. Elle voit.
b. Nous demandons.
c. Vous réussissez.
d. Je garde.
e. Tu aplatis.
f. Elles vont.
g. Je prends.
h. Nous buvons.
i. Ils trient.

3 Identifie chaque verbe et indique s'il s'agit d'un verbe d'état ou d'un verbe d'action.

a. Je suis tellement heureuse.
b. Nous lisons le menu.
c. Tu parais bien enjoué.
d. Le maître semble fatigué.
e. Vous écrivez une jolie lettre.
f. Elles soufflent leurs bougies.

4 Trouve le verbe, puis indique son infinitif et son groupe.

a. Je joue souvent aux cartes.
b. Nous dégustons une tarte.
c. Léa gagne le match de tennis.
d. Vous habitez en Irlande.
e. Tu recopies cette phrase.
f. Mon amie marche avec moi.
g. Julie pose une question.
h. Léo dort profondément.

5 Complète chaque phrase par le verbe au présent.

a. Nous (*visiter*) le musée de Grenoble.
b. Paul (*gravir*) le mont Everest pour la première fois.
c. Tu (*écrire*) avec ton crayon à papier.
d. Vous (*divertir*) le public à chaque représentation.
e. Les sorcières du conte (*cacher*) un terrible secret !

6 Complète chaque phrase par un sujet et le verbe au présent à la personne demandée.

a. (*faire*, 1re personne du pluriel) une très bonne confiture de figues.
b. (*voir*, 2e personne du pluriel) un avion dans le ciel.
c. (*pouvoir*, 1re personne du singulier) nager dans le grand bassin.
d. Est-ce que (*vouloir*, 2e personne du singulier) une glace ?
e. (*dire*, 2e personne du pluriel) aux élèves d'écouter.
f. (*prendre*, 3e personne du singulier) son cartable pour partir à l'école.

7 Mets le sujet de chaque phrase à la personne demandée et accorde le verbe au présent.

a. Il choisit un film à regarder. → 2e personne du pluriel
b. Tu es dans la cour. → 3e personne du pluriel
c. Je coupe du pain. → 2e personne du singulier
d. Elle gémit de douleur. → 1re personne du pluriel
e. Ils lisent l'heure. → 1re personne du singulier
f. Ils lancent le ballon. → 3e personne du singulier

8 Identifie chaque verbe du texte, puis analyse-le.

L'orage menace, les nuages assombrissent le ciel, le vent souffle plus fort. De grosses gouttes de pluie commencent à tomber sur les feuilles des arbres.
Vous courez pour vous mettre à l'abri, tandis que nous ouvrons nos parapluies.
Enfin les nuages s'écartent et laissent apparaître le ciel bleu. Bientôt, le soleil revient et nous réchauffe.

Mon projet d'écrivain

J'écris au présent.

Le **présent** sert à marquer que l'action se fait au moment où l'on parle.
Le présent sert aussi à exprimer un fait habituel. Il est utilisé pour parler d'actions que nous faisons régulièrement.
On l'appelle alors « présent d'habitude ».

1 **Observe l'emploi du temps de la semaine de Loïc.**

	Lundi	Mardi	Mercredi	Jeudi	Vendredi	Samedi	Dimanche
Matin	École	École	Centre de loisir	École	École	Guitare	Maison
Midi	Cantine	Cantine	Maison	Cantine	Cantine	Maison	Maison
Après-midi	École	École	Équitation	École	École	Équitation	Maison

2 **Lis le texte et repère les verbes au présent d'habitude.**

Chaque lundi midi, Loïc déjeune à la cantine.
Tous les mercredis matins, il va au centre de loisirs.
Les mercredis et samedis, il fait de l'équitation.
Il passe chaque dimanche en famille à la maison.

3 **Dans ton cahier, écris une phrase pour décrire à ton tour une journée de Loïc. Utilise le présent d'habitude.**

4 **À ton tour, rédige deux phrases à partir de ton emploi de temps.**

chaque jour
tous les lundis
une fois par semaine
toutes les semaines

le matin
l'après-midi
le soir

avec la famille
à l'école
une activité

Chaque jour,

Tous les lundis,

Pour écrire sans faute :
- je relis mes phrases,
- je vérifie les majuscules et les points,
- je vérifie la conjugaison des verbes au présent,
- je vérifie que j'ai bien recopié les mots donnés.

Unité 3

L'adjectif

L'adjectif

Séance 22

→ Mes rituels quotidiens : Analyse page 160

J'observe

des feuilles **multicolores**

de **belles** feuilles **multicolores**

▶ L'**adjectif** est un mot qui ajoute des précisions sur les personnes, les animaux et les choses dont on parle.

▶ L'**adjectif qualificatif** **qualifie le nom** (forme, couleur, taille, caractère…). Il **s'accorde** en genre et en nombre **avec le nom** qu'il qualifie.

1 Identifie les adjectifs parmi les mots.

jouer | étonnant | parfum | arbres | manger | bleu
couleurs | lire | forêt | immense | calme | étroit

2 Identifie les adjectifs.

a. une grande forêt
b. de jeunes daims
c. une forte pluie
d. des fougères touffues
e. le sol humide
f. une belle promenade
g. un escargot minuscule
h. un promeneur égaré
i. mes bottes mouillées
j. de beaux arbres centenaires

une **grande** forêt
→ Comment est la forêt ?
La forêt est **grande**.

3 Emploie chaque adjectif avec un nom et un déterminant de ton choix.

pointu | difficile | froid | délicieuse | sucré | chanceux | amusant | verte | énorme

Je fais attention au genre de l'adjectif.

4 Qualifie chaque nom avec deux adjectifs de ton choix.

un jardin | un animal | un fruit | un dessert | une biche

5 Change la place des adjectifs.

Devant un adjectif pluriel, l'article indéfini **des** devient **de** (**d'** devant une voyelle).

Exemple : *des pins **immenses*** → *d'**immenses** pins*
*des nuits **longues*** → *de **longues** nuits*

a. des jeux nouveaux
b. des maisons magnifiques
c. des recherches intéressantes
d. des paysages superbes
e. des feuilles belles
f. des travaux importants
g. des journées courtes
h. des histoires passionnantes

6 Dans chaque phrase, remplace l'expression soulignée par un adjectif.

Exemple : *un fruit **des tropiques*** → *un fruit **tropical***

a. des installations de sport
b. des biscuits de Bretagne
c. des bijoux en nacre
d. un plat aux épices
e. des livres avec des illustrations
f. un dessert aux fruits

7 Identifie chaque adjectif et analyse-le comme dans l'exemple.

Exemple : *une histoire drôle*
→ *adjectif qualificatif, féminin singulier, qualifie le nom **histoire***

a. la fenêtre ouverte
b. les baies sauvages
c. de beaux livres
d. ma chambre propre et rangée
e. ce colis perdu
f. cette maison abandonnée
g. des animaux domestiqués
h. de belles chansons douces

À ton tour !

→ **Donne trois adjectifs pour qualifier :**

ta classe | ton travail | tes amis

→ Mes rituels quotidiens : **Dictée page 160**

L'adjectif épithète

Séance 23

→ Mes rituels quotidiens : Analyse page 160

J'observe

Ce **petit** écureuil **prévoyant** fait des réserves.

▶ **petit** et **prévoyant** qualifient le nom écureuil.

Il a une queue **longue**, **rousse** et **touffue**.

▶ **longue**, **rousse** et **touffue** qualifient le nom queue.

▶ Quand **l'adjectif** est placé à côté du nom, sa fonction est **épithète**. Il peut être placé avant ou après le nom.

▶ Un nom peut être qualifié par **plusieurs adjectifs épithètes**. Les adjectifs sont séparés par une virgule ou par **et**.

Épithète vient d'un mot grec qui signifie « placé à côté ».

1 Identifie les adjectifs épithètes et les noms qu'ils qualifient.

a. une allée boueuse et caillouteuse
b. de belles routes goudronnées
c. un vent violent et glacé
d. des feuilles rouges, vertes et jaunes
e. un gros gâteau moelleux
f. un objet précieux, rare et recherché

2 Qualifie chaque nom avec les deux adjectifs donnés. Place un adjectif avant et l'autre après le nom.

Exemple : *une **petite** poire **sucrée***

a. des fruits	bons	tropicaux
b. une nuit	étoilée	belle
c. un chemin	ombragé	long

Les adjectifs courts se placent souvent avant le nom.

3 **Place les adjectifs après chaque nom en les séparant d'une virgule et du mot et.**

Exemple : *un chat* ***blanc****,* ***vif*** *et* ***joueur***

a. des pommes — grosses, vertes, juteuses

b. des exercices — courts, rapides, faciles

c. une chambre — claire, aérée, rangée

d. un camarade — amusant, inventif, infatigable

4 **Lis chaque phrase en supprimant les adjectifs épithètes.**

a. Un immense héron se pose sur l'étang gelé.

b. Les grands roseaux plient sous les violentes bourrasques.

c. Le gros chien noir aime les longues balades automnales.

d. Le petit chat paresseux se prélasse sur le confortable canapé.

5 **Ajoute un adjectif épithète de ton choix avant ou après chaque nom.**

a. Les enfants achètent des jouets dans un magasin.

b. Après une balade dans la forêt, le garçon rapporte des feuilles.

c. Sur une feuille, un écolier dessine des écureuils.

6 **Identifie chaque adjectif épithète et analyse-le comme dans l'exemple.**

Exemple : *la voiture* <u>*bleue*</u>

→ *adjectif qualificatif, féminin singulier, épithète du nom* ***voiture***

- Le jeune garçon saute dans les grosses flaques avec ses bottes cirées.

À ton tour !

→ **En t'inspirant de l'image, place un adjectif de ton choix avant et après chaque nom :**

le parapluie — le manteau — l'écharpe

les bottes — le vent — les feuilles

→ Mes rituels quotidiens : **Dictée page 160**

L'adjectif attribut du sujet

Séance 24

→ Mes rituels quotidiens : Analyse page 160

J'observe

Ces champignons semblent **appétissants**.

▶ **appétissants** qualifie le nom champignons.

Mais ils sont **vénéneux** et **dangereux**.

▶ **vénéneux** et **dangereux** qualifient le pronom sujet ils.

▶ Quand l'adjectif est relié au sujet par un **verbe d'état**, sa fonction est **attribut du sujet**.

▶ L'adjectif attribut **s'accorde** en genre et en nombre **avec le sujet**.

Je me rappelle les verbes d'état les plus fréquents : **être, sembler, paraître, rester, demeurer, devenir** (Unité 1).

1 **Dans chaque phrase, identifie le verbe d'état, puis l'adjectif attribut du sujet.**

a. Cette saison est belle.
b. Les poires semblent sucrées.
c. Le temps paraît orageux.
d. Ces arbres seront coupés.
e. Ces animaux sont migrateurs.
f. Ils semblent fatigués.
g. Nous sommes appliqués.
h. Vous paraissez inquiets.

2 **Complète chaque phrase par un verbe d'état au présent.**

être — paraître — sembler — rester

a. Cet arbre ... magnifique.
b. Ce champignon ... comestible.
c. Ces enfants ... attentifs.
d. Mes bottes ... percées.

Plusieurs réponses sont possibles !

3 **Accorde les adjectifs attributs du sujet.**

a. Le bois est grand. La forêt est ….
b. Le sol est glacé. La pluie est ….
c. Ma veste est mouillée. Mes chaussures sont ….
d. Mon père est absent. Mes parents sont ….

Je me rappelle : on ajoute en général un **e** au féminin, un **s** au pluriel.

4 **Complète chaque phrase par un adjectif attribut de ton choix.**

a. Mon père est ….
b. Vous paraissez ….
c. Nous étions ….
d. Ma grand-mère était ….
e. Mon chien devient ….
f. Ces baies paraissaient ….

5 **Invente deux phrases en employant un, puis les deux adjectifs comme attributs du sujet.**

Exemple : *le petit chaperon rouge* → *Le **petit** chaperon est **rouge**.*
*Le chaperon est **petit** et **rouge**.*

a. cette grosse tarte délicieuse
b. le grand cerf majestueux
c. la violente averse glacée
d. les jolies couleurs automnales

6 **Identifie les adjectifs épithètes, puis les adjectifs attributs du sujet.**

a. Ce vélo rouge est neuf.
b. Mes nouvelles voisines paraissent sympathiques.
c. La jeune actrice est blonde.
d. Ces petites baies noires semblent acides.

7 **Identifie chaque adjectif et analyse-le comme dans l'exemple.**

Exemple : *La plage est <u>déserte</u>.*
→ *adjectif qualificatif, féminin singulier, attribut du sujet **plage***

- Ce paysage breton était magnifique, coloré et parfumé.

À ton tour !

→ **Invente quatre phrases avec des verbes d'état et des adjectifs attributs du sujet pour décrire un ami.**

→ Mes rituels quotidiens : **Dictée page 160**

Ce que j'ai appris

Séance 25

▸ L'adjectif qualificatif

un animal…

brun

vif

rusé

fin

sauvage

petit

roux

agile

des arbres **immenses** et **centenaires**
d'**immenses** arbres **centenaires**
des arbres **immenses**, **majestueux** et **centenaires**

▸ Les fonctions de l'adjectif

Le renard **rusé** épie sa proie.

➜ **rusé** : adjectif épithète du nom **renard**

Le renard **est** **rusé**.

sujet + **verbe d'état** + **adjectif**

➜ **rusé** : adjectif attribut du sujet **renard**

Je révise

1 Identifie les adjectifs de chaque série.

a. bleu | minuscule | vent | discret | fleur

b. louveteau | petit | épais | féroce | fourrure

c. beau | jongleur | applaudir | étonnant | adroit

d. magnifique | s'envoler | luisant | bec | vol

2 Lis les phrases en supprimant les adjectifs épithètes.

a. Sur le lac gelé, des hérons affamés cherchent des petits poissons.

b. Abel met des moufles fourrées, des bottes imperméables et un gros pull.

c. Les animaux sauvages marchent sur les sentiers déserts et dans les hautes fougères.

d. On entend les feuilles mortes crisser sous les pas légers des petits lapins.

e. Un orage violent déracine le vieux chêne centenaire.

3 Qualifie chaque nom avec deux adjectifs épithètes de ton choix comme dans l'exemple.

Exemple : *un arbre* → *un **grand** arbre **feuillu***

un champignon | un chêne | un chevreuil | des promeneurs | un parapluie

4 Complète chaque phrase par un verbe d'état et un adjectif attribut de ton choix.

a. Mes bottes ....

b. Cette plante ....

c. Ces nouveaux élèves ....

d. Vous ....

e. Ce dessert ....

f. Elles ....

5 **Identifie chaque adjectif et analyse-le comme dans l'exemple.**

Exemple : *la pomme verte*
→ *adjectif qualificatif, féminin pluriel, épithète du nom* ***pomme***

a. Les raisins sont mûrs et juteux.
b. Mes meilleurs amis sont Julia et Carl.
c. Mon chaton semble paresseux, mais il est vif.
d. Les hérissons sont fragiles.

6 **Identifie les adjectifs du texte, puis indique s'ils sont épithètes ou attributs.**

Les hirondelles rustiques sont des oiseaux migrateurs.
En automne, quand les températures deviennent fraîches, les insectes sont rares. Elles se rassemblent alors pour partir dans des régions tropicales. Elles font un long et difficile trajet de 5 000 kilomètres. Dans les pays chauds, elles trouveront une grande quantité de nourriture.

7 **Décris cette image en utilisant le plus d'adjectifs possible.**

Unité 4

Le groupe nominal

Les accords dans le groupe nominal : le genre (1)

Séance 27

→ Mes rituels quotidiens : Analyse page 161

J'observe

un skieur prudent — la monitrice fière

une skieuse prudente — le moniteur fier

- Dans une phrase, le **nom commun** est généralement accompagné d'un **déterminant**. Le nom et le déterminant forment alors un **groupe nominal**.
- Le **groupe nominal** peut être complété par un ou plusieurs **adjectifs**.
- Le **déterminant** et l'**adjectif s'accordent en genre** avec le **nom**. Révisons les règles d'accord de l'adjectif au féminin. En général, on marque le **féminin** en ajoutant un -e à la fin du nom et de l'adjectif.
- Le **féminin** des noms et des adjectifs en -er et en -eur se forme ainsi :

Masculin	Féminin	
fier	fière	-er → -ère
le skieur	la skieuse	-eur → -euse
le moniteur	la monitrice	-teur → -trice

1 **Dans chaque groupe nominal, identifie le nom, puis donne son genre.**

a. une oie migratrice
b. l'animatrice rieuse
c. cette chanteuse douée
d. une skieuse douée
e. de jolis chalets
f. de grandes randonnées
g. les derniers jours
h. un travail régulier

2 **Identifie les groupes nominaux et indique s'ils sont au féminin ou au masculin.**

a. La tourterelle blessée cherche un coin abrité.
b. Un serveur maladroit renverse son plateau chargé.
c. L'actrice courageuse réalise un saut périlleux.
d. Ce grand cuisinier reçoit des invitées élégantes.

3 **Accorde l'adjectif avec le nom masculin, puis avec le nom féminin.**

a.	noir	ce manteau …	• cette écharpe …
b.	étroit	un chemin …	• une rue …
c.	distrait	un correcteur …	• une correctrice …
d.	cassé	mon plateau …	• ton assiette …

4 **Accorde les adjectifs avec le nom.**

a. une veste (*bleu*) et (*chaud*)
b. cette association (*protecteur*) et (*engagé*)
c. une cabane (*forestier*) et (*délabré*)
d. une (*petit*) maison (*abandonné*)

5 **Mets chaque groupe nominal au féminin.**

a. un cavalier léger
b. un pâtissier gourmand
c. un grand joueur
d. un écolier distrait et rêveur

6 **Mets chaque groupe nominal au masculin.**

a. une grande chanteuse
b. la meilleure animatrice
c. cette ouvrière qualifiée
d. cette voyageuse pressée

7 **Identifie la nature de chaque mot du groupe nominal, puis donne son genre.**

Exemple : *une neige poudreuse*

→ *une : article indéfini ; poudreuse : adjectif ;*
*neige : nom commun. Le groupe nominal est au **féminin**.*

mon anorak épais | une haute montagne | des pistes noires

→ Mes rituels quotidiens : **Dictée page 161**

Les accords dans le groupe nominal : le genre (2)

Séance 28

→ Mes rituels quotidiens : Analyse page 161

J'observe

Ce bon chien sauve une alpiniste malchanceuse.

Cette bonne chienne sauve un alpiniste malchanceux.

Masculin	Féminin	
un jeune alpiniste	une jeune alpiniste	Certains noms et les adjectifs en -e sont identiques au masculin au féminin.
malchanceux	malchanceuse	-eux → -euse
un chien bon gras	une chienne bonne grasse	Les noms et adjectifs en -el, -eil, -et, -en, -on et certains adjectifs en -s, -l, -t doublent leur consonne au féminin.

1 Dans chaque groupe nominal, identifie le nom, puis donne son genre.

a. une gardienne efficace
b. une désagréable surprise
c. une affectueuse parole
d. un adorable lapin
e. une lionne féroce
f. des cheveux hirsutes
g. une chienne mignonne
h. un discours ennuyeux

2 Identifie les groupes nominaux et indique s'ils sont au féminin ou au masculin.

a. Félix cache sa chevelure hirsute sous son bonnet bleu.
b. La gentille serveuse apporte un chocolat chaud.
c. L'intrépide chienne s'élance dans la neige poudreuse.
d. Après cette grande promenade, nous préparerons un copieux goûter.

3 **Accorde l'adjectif avec le nom masculin, puis avec le nom féminin.**

a. bas — un tabouret … • une chaise …
b. gros — mon … chien • ma … chienne
c. culturel — ce magazine … • cette revue …
d. muet — le garçon … • la fille …

4 **Accorde l'adjectif avec le nom masculin, puis avec le nom féminin.**

a. frileux — un chat … • une chatte …
b. soyeux — un pinceau … • une brosse …
c. furieux — un lion … • une lionne …
d. mystérieux — un message … • une lettre …

5 **Accorde les adjectifs avec le nom.**

a. une (*somptueux*) chevelure (*blond*)
b. une jument (*sauvage*) et (*nerveux*)
c. une guerre (*cruel*) et (*injuste*)
d. une (*curieux*) bête (*vert*)
e. une (*délicieux*) sauce (*indien*)

6 **Mets chaque groupe nominal au féminin.**

a. mon chat malicieux
b. un alpiniste courageux
c. cet Italien facétieux
d. un exceptionnel pianiste
e. un musicien prodigieux
f. ce valeureux guerrier

Je n'oublie pas les déterminants !

7 **Mets chaque groupe nominal au masculin.**

a. une gentille chienne
b. la pharmacienne aimable
c. une patronne généreuse
d. une paysanne courageuse
e. cette Indienne coquette
f. la comédienne rieuse

8 **Identifie la nature de chaque mot du groupe nominal, puis donne son genre.**

une curieuse aventure — cet instant magique — une championne médaillée

→ Mes rituels quotidiens : Dictée page 161

Les accords dans le groupe nominal : le genre (3)

Séance 29

→ Mes rituels quotidiens : Analyse page 161

J'observe

un homme roux — un garçon vif

une femme rousse — une fille vive

Masculin	Féminin	
homme fils	femme fille	On emploie des noms différents au masculin et au féminin.
un loup un tigre vif roux doux blanc sec vieux beau long	une louve une tigresse vive rousse douce blanche sèche vieille belle longue	Certains noms et adjectifs changent la ou les lettres finales au féminin.

Attention :
un **beau** chêne
→ un **bel** arbre

un **nouveau** vélo
→ un **nouvel** ami

un **vieux** gilet
→ un **vieil** habit

1 **Dans chaque groupe nominal, identifie le nom, puis donne son genre.**

a. un grand sportif
b. un vieil artiste
c. une louve isolée
d. un mot doux
e. une fille naïve
f. un chimiste créatif
g. une peau douce
h. une mère attentive

2 **Identifie les groupes nominaux et indique s'ils sont au féminin ou au masculin.**

a. Cet artiste créatif déménage dans un nouvel atelier.
b. Ma longue cape imperméable garde mes habits secs.
c. Cette nouvelle crème rend la peau douce et satinée.
d. Un vieux loup solitaire vit dans la forêt mystérieuse.

3 **Choisis le nom qui convient à l'adjectif.**

a. un coq …	•	une poule …	naine
b. un loup …	•	une louve …	blanche
c. une femme …	•	un homme …	vieux
d. une athlète …	•	un athlète …	combatif

4 **Accorde l'adjectif avec le nom masculin, puis avec le nom féminin.**

a. festif	un repas …	•	une journée …
b. beau	ce … tableau	•	cette … statue
c. faux	un calcul …	•	une réponse …
d. sec	le bois …	•	la branche …

5 **Accorde les adjectifs avec le nom.**

a. une chanson (*doux*)
b. une idée (*faux*) et (*naïf*)
c. une (*beau*) et (*long*) histoire
d. une oie (*vif*) et (*gras*)

6 **Mets chaque groupe nominal au féminin.**

a. ce garçon imaginatif
b. le coq blanc
c. mon vieil oncle
d. un soigneur doux

7 **Mets chaque groupe nominal au masculin.**

a. une mère attentive
b. ma vieille grand-mère
c. cette belle femme
d. ma sœur sportive

8 **Identifie la nature des mots soulignés du groupe nominal, puis donne son genre.**

une très bonne nouvelle — un repas copieux et lourd — une branche sèche et cassante

→ Mes rituels quotidiens : **Dictée page 161**

Les accords dans le groupe nominal : le nombre (1)

Séance 30

→ Mes rituels quotidiens : Analyse page 162

J'observe

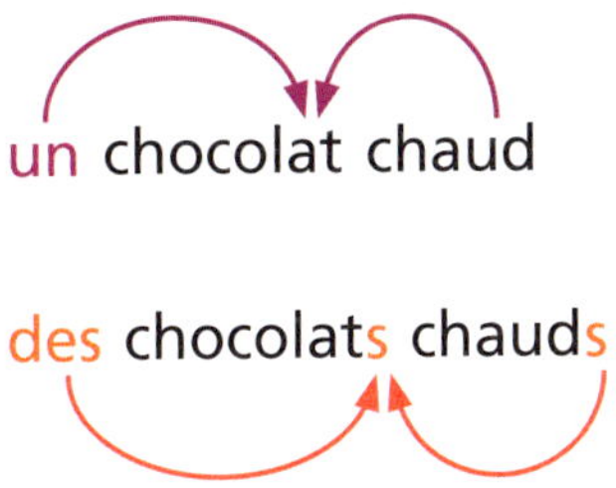

▶ Le **déterminant** et l'**adjectif s'accordent en nombre** avec le **nom**.
Révisons les règles d'accord de l'adjectif au pluriel.
En général, on marque le **pluriel** en ajoutant un **-s** à la fin du nom et de l'adjectif.

▶ Les noms en **-ou** prennent un **-s** au pluriel sauf **bijou**, **caillou**, **chou**, **genou**, **hibou**, **joujou**, **pou** qui prennent un **-x**.

▶ On ajoute un **-x** au pluriel des noms et adjectifs en **-eu**, **-au**, **-eau**.

Singulier	Pluriel	
un feu	des feux	-eu → -eux sauf *des bleus*, *des pneus*
beau	beaux	-eau → -eaux
un esquimau	des esquimaux	-au → -aux sauf *des landaus*

1 **Dans chaque groupe nominal, identifie le nom, puis donne son genre et son nombre.**

a. des bijoux volés
b. ce skieur rapide
c. deux gants blancs
d. ce gros cadeau
e. des pneus éclatés
f. un feu vif
g. mes genoux écorchés
h. le plat délicieux

2 **Identifie les groupes nominaux et indique leur genre et leur nombre.**

a. Un hibou sauvage niche dans le vieux chêne.
b. Mes chaussures vernies brillent comme un sou neuf !
c. Un touriste étranger admire ces beaux châteaux médiévaux.

3 **Choisis le nom qui convient à l'adjectif.**

a. cinq louveteaux …	•	le louveteau …	affamés
b. des esquimaux …	•	un esquimau …	glacé
c. des pneus …	•	un pneu …	neuf
d. le frère …	•	les frères …	jumeaux

4 **Accorde l'adjectif avec le nom singulier, puis avec le nom pluriel.**

a. froid	une journée …	•	des journées …
b. beau	un … vase	•	des … vases
c. bleu	un oiseau …	•	des oiseaux …
d. douloureux	ma bosse …	•	mes bosses …

5 **Accorde les adjectifs avec le nom.**

a. des enfants (*gai*) et (*souriant*)
b. mes gants (*blanc*) et (*doux*)
c. des (*beau*) vers (*luisant*)
d. des choux (*farci*) et (*savoureux*)

6 **Mets chaque groupe nominal au pluriel.**

a. mon neveu agité
b. un milieu marin
c. mon jeu cassé
d. un ruisseau gelé

7 **Mets chaque groupe nominal au singulier.**

a. mes chaussettes bleues
b. ces vœux émouvants
c. des feux agréables
d. trois nouveaux habits

À ton tour !

→ **Invente une phrase pour chaque nom en -ou qui prend un -x au pluriel.**

bijou caillou chou genou hibou joujou pou

→ Mes rituels quotidiens : **Dictée page 162**

Les accords dans le groupe nominal : le nombre (2)

Séance 31

→ Mes rituels quotidiens : Analyse page 162

J'observe

un temps hivernal — un nuage gris

des temps hivernaux — des nuages gris

- Les noms en -ail prennent un -s au pluriel, sauf **travail**, **vitrail**, **corail**, **émail**, **soupirail** qui font leur pluriel en -aux.
- Les noms et adjectifs en -al font -aux au pluriel, sauf les noms **festival**, **récital**, **bal**, **carnaval**, **régal**, **chacal** et les adjectifs **banal**, **bancal**, **naval**, **fatal**, **natal**, **pascal**, **glacial** qui font leur pluriel en -s.
- Les noms et adjectifs terminés par -s, -x, -z ne changent pas au pluriel.

1 Dans chaque groupe nominal, identifie le nom, puis donne son genre et son nombre.

a. des vitraux brisés
b. trois chacals affamés
c. l'animal brutal
d. la période estivale
e. des chevaux royaux
f. le gros colis
g. l'époque médiévale
h. des travaux fatigants
i. le repas provençal
j. les pays tropicaux

2 Identifie les groupes nominaux et indique leur genre et leur nombre.

a. Le savant botaniste étudie les plantes tropicales.
b. Le plongeur émerveillé découvre des coraux magnifiques.
c. Ce médecin oriental utilise des plantes médicinales.
d. Nous sommes assis sur des tabourets bancals.

3 Choisis le nom qui convient à l'adjectif.

a.	un fruit …	des fruits …	tropicaux
b.	le corail …	les coraux …	coloré
c.	une plante …	des plantes …	médicinales
d.	des hivers …	un hiver …	glacials

4 Accorde l'adjectif avec le nom singulier, puis avec le nom pluriel.

a.	familial	une fête …	des événements …
b.	mural	une décoration …	des peintures …
c.	digital	une horloge …	ses montres …
d.	original	mon idée …	ces gadgets …
e.	oriental	une pâtisserie …	tes plats …

5 Accorde les adjectifs avec le nom.

a. des carnavals (*joyeux*) et (*animé*)
b. mes (*beau*) parterres (*floral*)
c. des festivals (*annuel*) et (*familial*)
d. des interrogations (*oral*) et (*facile*)

6 Mets chaque groupe nominal au pluriel.

a. un chantier naval
b. l'opération chirurgicale
c. ce poisson frais
d. un cheval précieux
e. le milieu végétal
f. ton geste brutal

7 Mets chaque groupe nominal au singulier.

a. des gros animaux
b. ces journaux régionaux
c. des paroles amicales
d. les escortes royales
e. deux récitals musicaux
f. des tapis orientaux

8 Identifie la nature des mots soulignés du groupe nominal, puis donne son nombre.

des températures glaciales | d'importants et difficiles travaux | ce puits mystérieux et profond

→ Mes rituels quotidiens : **Dictée page 162**

Le complément du nom

Séance 32

J'observe

➜ Mes rituels quotidiens : Analyse page 162

La sœur **de Paul** lance une boule **de neige**.

▶ **Neige** est le **complément du nom** boule.
Paul est le **complément du nom** sœur.

▶ Le **complément du nom** donne une **précision** sur le nom.

▶ Le **complément du nom** fait partie du groupe nominal.

▶ Il est relié au nom qu'il précise par une **préposition** : **à**, **de**, **en**, **avec**, **sans**… :
une cuillère en ***bois****, une cuillère à* ***café****, une cuillère de* ***soupe****, une cuillère sans* ***manche****.*

▶ Il ne s'accorde pas avec le nom : *des tartines de pain.*

Le complément du nom peut être un nom ou un verbe à l'infinitif : une chambre d'**enfant**, une chambre à **coucher**.

1 **Dans chaque groupe nominal, identifie le complément du nom et indique la préposition qui l'introduit.**

a. la voiture de police
b. le professeur de chant
c. la planche à découper
d. les instruments à percussion
e. un animal de compagnie
f. un gilet sans manche
g. la mousse à raser
h. une statue en pierre

2 **Dans chaque groupe nominal, identifie le nom qui est précisé par le complément du nom.**

a. la boîte à musique
b. un tailleur de pierre
c. un maître à danser
d. une tenue de scène
e. une tapisserie du Moyen Âge
f. un collier de perles
g. un numéro de cirque
h. un air d'opéra

1 **Complète chaque groupe nominal par un complément du nom.**

Exemple : *une cuillère en bois et une cuillère **à dessert***

a. une machine à laver et une machine ...

b. un fer à repasser et un fer ...

c. un jus de fruit et un jus ...

d. un sac en papier et un sac ...

2 **Ajoute un nom précisé par chaque complément du nom.**

a. ... de pierre

b. ... à papier

c. ... de théâtre

d. ... de pluie

e. ... en carton

f. ... au chocolat

g. ... de table

h. ... de fleurs

3 **Ajoute un complément du nom pour préciser chaque nom.**

a. un pain ...

b. une boîte ...

c. une canne ...

d. un bijou ...

e. une balle ...

f. des chaussures ...

g. une partie ...

h. une table ...

4 **Analyse les mots soulignés comme dans l'exemple.**

Exemple : *un gâteau au <u>chocolat</u>*

→ *nom commun, masculin singulier, complément du nom **gâteau***

a. le joueur de <u>flûte</u>

b. la Reine des <u>neiges</u>

c. les musiciens de <u>Brême</u>

d. la petite fille aux <u>allumettes</u>

e. le Livre de <u>la jungle</u>

À ton tour !

→ **Explique la différence de sens entre les deux expressions.**

a. une tasse de café • une tassé à café

b. un verre d'eau • un verre à eau

→ Mes rituels quotidiens : **Dictée page 102**

Ce que j'ai appris

Séance 33

▸ Le groupe nominal

les skis neufs de Nicolas

déterminant nom adjectif préposition complément du nom

groupe nominal

▸ L'accord dans le groupe nominal

Noms et adjectifs	masculin	féminin
+ -e	un petit renard	une petite renarde
-er → -ère	un cavalier fier	une cavalière fière
-eur → -euse -teur → -trice -eux → -euse	un jongleur protecteur chanceux	une jongleuse protectrice chanceuse
-on, -en, ... -s, -l, -t	un gardien gras, cruel, sot	une gardienne grasse, cruelle, sotte
changement de finale	un loup blanc	une louve blanche
noms différents	un homme	une femme
noms identiques	un artiste agile	une artiste agile

Noms et adjectifs	singulier	pluriel
+ -s	un renard, une renarde le portail, un cou	des renards, des renardes les portails, des cous
-eau, -eu → -x -au → -x	un beau drapeau un tuyau	de(s) beaux drapeaux des tuyaux
-al → -aux	un général impérial	des généraux impériaux
noms en -ail	un travail, le corail	des travaux, les coraux
mots en -s, -x, -z	gras, gris, une souris, le nez, un gaz	

⚠ Je retiens bien les exceptions !

Je révise

1 Mets chaque groupe nominal au féminin.

a. un bon cuisinier
b. l'acheteur hésitant
c. un garçon jaloux
d. un coq gras
e. un cheval fougueux
f. un homme fatigué

2 Accorde les adjectifs avec le nom.

a. une (*petit*) poule (*blanc*, *gras*, *dodu* et *appétissant*)
b. ma (*beau*) rose (*rouge*, *parfumé*, *ouvert* et *épanoui*)
c. cette (*long*) histoire (*drôle*, *intéressant* et *émouvant*)
d. la (*grand*) jument (*noir*, *doux*, *affectueux* et *agile*)

3 Mets chaque groupe nominal au pluriel.

a. une publicité mensongère
b. une bonne réponse
c. un gros nez
d. ce chou abimé
e. un travail fatigant
f. un journal régional

4 Accorde les adjectifs avec le nom.

a. de (*grande*) baleines (*grise*, *gracieuse* et *rapide*)
b. ces (*bonne*) élèves (*soigneuse*, *appliquée* et *obéissante*)
c. des (*bon*) plats (*provençal*, *épicé* et *original*)
d. les (*mauvais*) joueurs (*menteur*, *colérique*, *brutal* et *énervé*)

5 Dans le texte, fais les accords nécessaires dans les groupes nominaux.

Sur la plage (*désert*), une (*jeune*) nageuse (*bronzé*) se repose sous de (*grand*) arbres. Après une (*long*) sieste, la (*pauvre*) femme se réveille avec d'(*énorme*) coups de soleil sur ses (*gros*) orteils. La douleur est (*léger*), mais elle peine à remettre ses chaussures (*fermé*).

6 **Dans chaque groupe nominal, identifie le nom qui est précisé par le complément du nom.**

a. la canne à sucre
b. la maison de vacances
c. un appareil à gaufre
d. une locomotive à vapeur
e. un immeuble sans ascenseur
f. un jeu de société
g. une cabane en bois
h. un stylo à bille

7 **Remplace chaque expression soulignée par un complément du nom.**

Exemple : *une tarte avec des pommes* → *une tarte aux pommes*

a. le chien qui appartient au voisin
b. le pain fait avec des céréales
c. une boîte pour les lettres
d. un chien qui monte la garde
e. une brosse pour peigner les cheveux
f. une lampe qui tient dans la poche

8 **Décris l'image en utilisant des groupes nominaux les plus complets possibles. Explique les accords que tu fais.**

Unité 5
Le futur

Le futur des verbes des 1er et 2e groupes

Séance 35

→ Mes rituels quotidiens : Analyse page 163

J'observe

Plus tard, je **cuisinerai** dans un restaurant étoilé.
Je **réfléchirai** à de nouvelles recettes.

▶ **Cuisinerai** est le verbe **cuisiner** au futur.
Réfléchirai est le verbe **réfléchir** au futur.

▶ Le futur exprime une action qui se déroulera **dans l'avenir** (demain, dans un jour, dans un an).

▶ Le futur des verbes des 1er et 2e groupes se contruit ainsi : Je cuisine|rai.

radical (cuisine) — terminaison (rai)

Verbes du 1er groupe	Verbes du 2e groupe
cuisiner	**réfléchir**
je cuisinerai	je réfléchirai
tu cuisineras	tu réfléchiras
il / elle cuisinera	il / elle réfléchira
nous cuisinerons	nous réfléchirons
vous cuisinerez	vous réfléchirez
ils / elles cuisineront	ils / elles réfléchiront

1 Indique si les verbes soulignés sont au présent ou au futur.

a. Zacharie épluchera des pommes pour faire une compote.
b. Je regarde une émission culinaire.
c. Tu grandiras à la campagne.
d. Demain, vous penserez à acheter du pain.
e. Mira et Aïcha choisissent une belle tenue.
f. Vous franchirez la ligne d'arrivée les premiers.

2 Conjugue les verbes jouer et grandir au futur à toutes les personnes.

3 **Complète chaque phrase par un pronom personnel sujet.**

a. … participeras à un concours.
b. … rougira de timidité.
c. … applaudirons les acteurs.
d. … marcheront en montagne.
e. … obéirai à mes parents.
f. … sauterez à la perche.

4 **Complète chaque phrase par le verbe au futur.**

a. Céline (*habiter*) une belle maison à la campagne.
b. Tu (*acheter*) un pain au chocolat.
c. Les cerises (*mûrir*) au printemps prochain.
d. Je (*jeter*) le papier dans la poubelle.
e. Vous (*parler*) avec sagesse.

Les verbes particuliers du 1er groupe au présent (Unité 2) ont les mêmes particularités au futur.

5 **Complète chaque phrase par un sujet et le verbe au futur à la personne demandée.**

a. *réviser*, 2e personne du singulier → … la leçon sur le futur.
b. *ralentir*, 1re personne du singulier → … car il y a un dos d'âne.
c. *divertir*, 3e personne du pluriel → … le public avec leurs tours.
d. *recopier*, 2e personne du pluriel → … le poème de Verlaine.

6 **Mets chaque phrase au futur.**

a. La couturière raccourcit ton pantalon.
b. Vous posez une question au maître.
c. Elles jouent aux cartes.
d. Je guéris rapidement de mon rhume.

7 **Identifie chaque verbe et analyse-le comme dans l'exemple.**

Exemple : *Ils rentreront bientôt.*

→ *verbe* ***rentrer****, 1er groupe, futur, 3e personne du pluriel*

a. Tu trouveras tes lunettes sous le canapé.
b. Je remplirai ma gourde à la fontaine.
c. Noam appellera son ami Joachim.
d. Nous finirons notre exercice.

→ Mes rituels quotidiens : **Dictées page 163**

Le futur des verbes *être*, *avoir*, *aller*, *faire* et *dire*

Séance 36

→ Mes rituels quotidiens : **Analyse page 163**

J'observe

Dans vingt ans, je **serai** médecin.
J'**aurai** un stéthoscope.
J'**irai** travailler à l'hôpital.
Je **ferai** des ordonnances.
Les patients me **diront** merci.

▶ Le radical du **futur** des verbes **être**, **avoir**, **aller** et **faire** est particulier, différent de l'infinitif et des autres temps.

▶ Le radical du verbe **dire** au **futur** est le même qu'au présent.

Verbe à l'infinitif	Radical	Terminaisons du futur
être	se-	-rai -ras -ra -rons -rez -ront
avoir	au-	
aller	i-	
faire	fe-	
dire	di-	

Les terminaisons du futur sont les mêmes pour tous les verbes.

1 **Conjugue chaque verbe au futur à toutes les personnes.**

être | avoir | aller | faire

2 **Complète chaque phrase par un pronom personnel sujet.**

a. … diront toute la vérité.
b. … fera les courses demain.
c. … irez visiter la tour Eiffel.
d. … ne seras bientôt plus malade.
e. … serai encore là ce soir.
f. … aurons bientôt dix ans.

3 **Complète chaque phrase par le verbe au futur.**

a. Vous (*être*) en vacances dans quelques jours.
b. Martha (*avoir*) des ampoules aux pieds.
c. Mes amis et moi (*aller*) au cinéma.
d. Je (*faire*) du vélo tous les jours.
e. Alice et Juliette (*dire*) « je t'aime » à leur maman.

4 **Complète chaque phrase par un sujet et le verbe au futur à la personne demandée.**

a. *être*, 1re personne du singulier → ... de meilleure humeur demain.
b. *avoir*, 1re personne du pluriel → ... bientôt un nouveau voisin.
c. *aller*, 3e personne du pluriel → ... à la piscine.
d. *faire*, 2e personne du pluriel → ... la vaisselle.
e. *dire*, 2e personne du singulier → ... quand tu auras faim.

5 **Mets chaque phrase au futur.**

a. Je suis champion de France de judo.
b. Elle fait un gâteau au chocolat.
c. Nous allons chez nos grands-parents.
d. Ils disent au revoir à leurs amis.
e. Vous avez un gentil petit chien.

6 **Identifie chaque verbe et analyse-le comme dans l'exemple.**

Exemple : *Elles <u>iront</u> au marché.*
→ *verbe* ***aller****, 3e groupe, futur, 3e personne du pluriel*

a. Nous ferons la vaisselle après le dîner.
b. Vous direz l'heure exacte.
c. Elle ira rendre visite à sa tante.
d. J'aurai envie de te parler.
e. Tu seras en Espagne la semaine prochaine.

À ton tour !

→ **Invente trois phrases au futur pour parler des prochaines vacances.**

→ Mes rituels quotidiens : **Dictées page 163**

Le futur des verbes *pouvoir* et *voir*

Séance 37

J'observe

→ Mes rituels quotidiens : **Analyse page 163**

Quand je serai grande, je **pourrai** voyager à travers le monde.
Je **verrai** les Sept Merveilles du monde moderne.

▶ **Pourrai** est le verbe **pouvoir** au futur.
Verrai est le verbe **voir** au futur.

▶ Le radical du **futur** des verbes **pouvoir** et **voir** est particulier, différent de l'infinitif et des autres temps.

pouvoir	voir
je pourrai	je verrai
tu pourras	tu verras
il / elle pourra	il / elle verra
nous pourrons	nous verrons
vous pourrez	vous verrez
ils / elles pourront	ils / elles verront

Les verbes dérivés de **voir** forment leur futur de deux manières différentes :
revoir → je reverrai
prévoir → je prévoirai

1 **Conjugue les verbes pouvoir et voir au futur à toutes les personnes.**

2 **Complète chaque phrase par un pronom personnel sujet.**

a. … pourrez lui dire bonjour quand il viendra.
b. … verrai mes amis le week-end prochain.
c. … prévoiras ton manteau de pluie.
d. … reverrons la leçon de grammaire demain.

3 **Complète chaque phrase par le verbe au futur.**

a. Faustine (*pouvoir*) enlever son plâtre.
b. Lucie (*voir*) ses amies demain.
c. Romain et moi (*pouvoir*) faire du roller.
d. Les visiteurs (*voir*) de magnifiques œuvres d'art.
e. Medhi et toi (*revoir*) ce film plusieurs fois.

4 **Complète chaque phrase par un sujet et le verbe au futur à la personne demandée.**

a. *voir*, 2e personne du singulier → … si tu as réussi l'exercice.
b. *pouvoir*, 3e personne du pluriel → … retourner dans ce magasin.
c. *voir*, 3e personne du singulier → … la mer pour la première fois.
d. *pouvoir*, 2e personne du pluriel → … refaire du sport cet été.
e. *pouvoir*, 1re personne du singulier → … me reposer dimanche.

5 **Mets chaque phrase au futur.**

a. Pendant l'été, je vois mon cousin tous les jours.
b. Chaque année, nous pouvons visiter un nouvel endroit.
c. Les enfants peuvent faire une sieste cet après-midi.
d. Vous voyez la lumière du phare.

6 **Identifie chaque verbe et analyse-le comme dans l'exemple.**

Exemple : *Je pourrai piloter un avion.*
→ *verbe* ***pouvoir****, 3e groupe, futur, 1re personne du singulier*

a. Vous verrez ce film demain.
b. Ils les reverront bientôt.
c. Tu pourras refaire cet exercice.

À ton tour !

→ **À partir de l'image page 78, invente deux phrases au futur avec pouvoir et voir.**

→ Mes rituels quotidiens : **Dictées page 163**

Le futur des verbes *vouloir*, *prendre* et *venir*

Séance 38

→ Mes rituels quotidiens : Analyse page 164

J'observe

Cet été, le maître **voudra** se reposer.
Il ne **viendra** pas à l'école tous les jours.
Il **prendra** l'avion.

▶ Le radical du **futur** des verbes **vouloir** et **venir** est différent de leur infinitif.

▶ Le radical du **futur** du verbe **prendre** au futur est le même qu'au présent.

<table>
<tr><th>Verbe à l'infinitif</th><th>Radical</th><th>Terminaisons du futur</th></tr>
<tr><td>vouloir</td><td>voud-</td><td rowspan="3">-rai
-ras
-ra
-rons
-rez
-ront</td></tr>
<tr><td>venir</td><td>viend-</td></tr>
<tr><td>prendre</td><td>prend-</td></tr>
</table>

Les verbes dérivés de **venir** et de **prendre** se conjuguent de la même manière au futur.

1 **Indique si les verbes soulignés sont au présent ou au futur.**

a. Nous <u>prendrons</u> un gros pull.
b. Les chevaux <u>veulent</u> gambader dans le pré.
c. Vous <u>voudrez</u> acheter des croissants.
d. Juan <u>vient</u> de rentrer à la maison.
e. Tu <u>voudras</u> retourner à la piscine demain.
f. Je <u>viendrai</u> bientôt te voir.

2 **Conjugue chaque verbe au futur à toutes les personnes.**

prendre — vouloir — venir — surprendre — devenir

3 Complète chaque phrase par un sujet de ton choix.

a. Demain, … viendrons vous voir.
b. La semaine prochaine, … prendrai rendez-vous chez le coiffeur.
c. Le mois prochain, … viendra nous rendre visite.
d. … prendrez votre petit déjeuner de bonne heure.
e. … reviendront pour le dîner.

4 Complète chaque phrase par le verbe au futur.

a. Mes parents (*prendre*) un café.
b. Eva et toi (*vouloir*) voir la Seine.
c. Ma mère et moi (*prendre*) le train.
d. Éloïse (*venir*) te dire au revoir.
e. Tu ne (*vouloir*) pas rejouer à ce jeu.

5 Complète chaque phrase par un sujet et le verbe au futur à la personne demandée.

a. *prendre*, 1re personne du singulier → … ma casquette à cause du soleil.
b. *venir*, 2e personne du pluriel → … chez nous le week-end prochain.
c. *vouloir*, 1re personne du pluriel → … acheter des friandises.
d. *venir*, 2e personne du singulier → … à la plage avec moi.
e. *vouloir*, 3e personne du singulier → … aller plus loin la prochaine fois.

6 Mets chaque phrase au futur.

a. Je prends mon temps pour bien faire.
b. Nous venons de rentrer.
c. Tu en veux toujours plus !
d. Il veut aller trop vite !
e. Ils viennent sans leur chien.
f. Vous reprenez du dessert.
g. Elles veulent se reposer.

7 Identifie chaque verbe et analyse-le comme dans l'exemple.

Exemple : *Nous viendrons plus tôt.*
→ *verbe **venir**, 3e groupe, futur, 1re personne du pluriel*

a. Tu voudras retourner au cinéma dimanche.
b. Je viendrai t'aider dans deux minutes.
c. Vous prendrez rendez-vous chez le dentiste.

→ Mes rituels quotidiens : **Dictées page 164**

Ce que j'ai appris

Séance 39

▸ Conjuguer au futur

Quand nous se rons grands, nous réalise rons nos rêves.

Un jour, Iris guéri ra les malades.

Tu deviend ras exploratrice.

Plus tard, je cuisine rai dans un grand restaurant.

radical — terminaison du futur

▸ Le futur particulier des verbes fréquents

être	Je serai un grand cuisinier.
avoir	J'aurai une toque et un tablier.
faire	Je ferai de bons plats.
aller	J'irai au marché acheter des produits frais.
dire	Je dirai bonjour aux clients du restaurant.
venir	Je viendrai tôt le matin pour préparer la cuisine.
pouvoir	Je pourrai goûter de nouvelles recettes.
vouloir	Je voudrai inventer de délicieux desserts.
prendre	Je prendrai de bons légumes pour cuisiner.
voir	Je verrai les clients se régaler !

Je révise

1 Indique si les verbes soulignés sont au présent ou au futur.

a. Tu finis ton exercice avant de sortir en récréation.
b. Ils achèteront des fruits et des légumes au marché.
c. Elle veut visiter le Mont-Saint-Michel.
d. Tu prendras ton parapluie pour sortir demain.
e. Nous irons voir une exposition avec notre classe.
f. Je suis en train de faire du vélo.

2 Donne l'infinitif et le groupe des verbes suivants.

je finirai • elle ira • vous regarderez • tu prendras • nous aurons • ils habiteront • je voudrai • tu viendras • vous serez • elles pourront • nous grandirons • il rougira • vous direz • elle fera • je serai

3 Complète chaque phrase par un pronom personnel sujet.

a. ... fera la vaisselle ce soir.
b. ... lui donneras un bouquet de fleurs.
c. ... dirons toute la vérité.
d. ... prendrai le bus pour aller en ville.
e. ... seront très en avance.
f. ... aurez une météo favorable.

4 Complète chaque phrase par un sujet et le verbe au futur à la personne demandée.

a. *faire*, 1re personne du pluriel → ... la visite du château de Chambord.
b. *siffler*, 3e personne du singulier → ... la fin du match.
c. *avoir*, 2e personne du singulier → ... besoin de te rafraîchir.
d. *vouloir*, 3e personne du pluriel → ... goûter une spécialité locale.
e. *remplir*, 3e personne du singulier → ... sa valise de vêtements chauds.
f. *aller*, 1re personne du singulier → ... en vacances en montagne.

5 **Complète chaque phrase par le verbe au futur.**

a. Les enfants (*imaginer*) plein de nouvelles activités.
b. Mes amis et moi (*être*) au parc avec nos parents.
c. Romane (*dire*) merci à la maîtresse.
d. Les chiens (*obéir*) à leur maître.
e. Géraldine et Roxane (*venir*) habiter dans mon immeuble.
f. Ta famille et toi (*pouvoir*) lui rendre visite.

6 **Transforme chaque phrase en changeant le sujet.**

a. Nathanaël voudra faire du cinéma. → Ils …
b. Il réunira toute la famille pour son anniversaire. → Nous …
c. Tu conjugueras un verbe au futur. → Je …
d. L'année prochaine, vous serez au CM1. → Loïc …
e. Ils feront un nouvel exercice. → Tu …
f. Éléonore ira en colonie de vacances. → Eléonore et toi …

7 **Mets chaque phrase au futur.**

a. Le boulanger pétrit son pain chaque matin.
b. J'ai froid à cause du vent.
c. Nous allons au centre commercial.
d. Vous corrigez cet exercice.
e. Tu peux rester tout seul.
f. Les couvreurs réparent le toit.

8 **Identifie le verbe et analyse-le comme dans l'exemple.**

Exemple : *Elle aura bientôt neuf ans.*
→ *verbe* ***avoir****, 3e groupe, futur, 3e personne du singulier*

a. Tu prendras un pull bien chaud.
b. Elsa et Louisa chanteront avec entrain.
c. Vous serez présents à l'école demain.
d. J'aurai neuf ans le mois prochain.

Mon projet d'écrivain

J'écris au futur.

Le **futur** est employé pour parler d'actions qui ne se sont pas encore déroulées, qui se passeront dans l'avenir.

1 Lis ce texte qui imagine comment on se déplacera en l'an 2300.
Repère les verbes au futur.

En 2300, les voitures voleront, il n'y aura plus d'embouteillages.
Les avions seront plus rapides et moins polluants. Nous pourrons voyager beaucoup plus souvent.
Nous piloterons des soucoupes volantes et nous pourrons voyager par téléportation. En un instant, nous serons de l'autre côté de la galaxie !
La vie sera très différente !

2 **Dans ton cahier, écris deux phrases pour décrire l'école dans le futur.**

Aide-toi des mots suivants.

- un robot
- un hologramme
- le professeur
- un ordinateur
- le cartable
- un écran
- l'école
- la cour
- la cantine

3 **À ton tour, rédige un petit texte pour dire comment tu imagines la vie en 2300.**

la maison
la ville
les gratte-ciels
la campagne

la pollution
la nature
la planète
les vacances

communiquer
voyager
travailler
s'amuser

En 2300,

Pour écrire sans faute :
- je relis mes phrases,
- je vérifie les majuscules et les points,
- je vérifie la conjugaison des verbes au futur,
- je vérifie que j'ai bien recopié les mots donnés.

Unité 6

L'adverbe

L'adverbe

Séance 41

→ Mes rituels quotidiens : Analyse page 164

J'observe

L'athlète lance **loin** le javelot.
L'athlète lance **très** loin le javelot.
L'athlète est **vraiment** doué.

▶ **loin**, **très** et **vraiment** sont des **adverbes**.

▶ Un **adverbe** est un mot qui **modifie le sens** d'un **verbe**, d'un **adjectif** ou d'un autre **adverbe**.

loin *: adverbe, modifie le sens du verbe* ***lancer****.*
très *: adverbe, modifie le sens de l'adverbe* ***loin****.*
vraiment *: adverbe, modifie le sens de l'adjectif* ***doué****.*

▶ Les **adverbes** sont des **mots invariables** : ils s'écrivent toujours de la même manière.

1 Identifie chaque adverbe.

a. J'ai trop mangé.
b. Mon grand-père va mieux.
c. Martha dort peu.
d. Nous avons beaucoup dormi.
e. La pluie tombera demain.
f. Nous marcherons longtemps.

2 Lis chaque phrase en supprimant les adverbes.

a. Demain, nous irons certainement au stade.
b. Cet archer a vraiment du talent, il a encore touché la cible.
c. Un sportif doit être toujours courageux et très combatif.

3 Transforme le sens de chaque phrase en remplaçant l'adverbe par son contraire.

a. Elle arrive tôt tous les matins.
b. J'apprends difficilement mes tables de multiplication.
c. Cette voiture avance vite.
d. En vacances, je lis plus.

4 Dans chaque phrase, identifie l'adverbe, puis indique le mot qu'il modifie.

a. Ce judoka est très fort.
b. Myriam aide gentiment son frère.
c. La gare est assez loin.
d. Il joue mieux au piano que moi.
e. J'ai peu dormi : je suis fatiguée.

5 Complète chaque phrase par un adverbe.

souvent | tellement | certainement | vraiment | beaucoup

a. Elle souffre ... de maux de tête.
b. Vous marchez ....
c. Nous aimons ... les histoires.
d. Il faut ... apprendre ses leçons.
e. Mon athlète préféré est ... fort.

Plusieurs solutions sont possibles !

6 Choisis un adverbe pour modifier l'adverbe souligné.

vraiment | assez | très | trop | bien | peu | bientôt

a. Mes cousines jouent ... <u>bien</u> du piano.
b. Ce bébé dort ... <u>profondément</u>.
c. Attention, vous conduisez ... <u>vite</u> !
d. Mes parents partent ... <u>souvent</u> en voyage.
e. Nous serons ... <u>là</u>.

7 Identifie chaque adverbe dans les phrases, puis analyse-le comme dans l'exemple.

Exemple : *J'aime <u>tant</u> les vacances.*

→ *adverbe, modifie le sens du verbe **aimer***

a. Je rêve parfois de voler.
b. Tu as très froid.
c. Il s'est fait vraiment mal.
d. Elle dessine admirablement.

À ton tour !

→ **Invente trois phrases avec chacun des adverbes suivants.**

toujours | environ | tellement

→ Mes rituels quotidiens : **Dictée page 164**

Les adverbes de temps, de lieu et de quantité

Séance 42

J'observe

→ Mes rituels quotidiens : **Analyse page 164**

Le père de Nicolas fait **souvent** du judo.
Le dojo n'est pas **loin**.
Il s'entraîne **beaucoup** avec ses amis.

On classe les **adverbes** d'après l'idée qu'ils expriment :

- le **temps** : aujourd'hui, demain, hier, maintenant, bientôt, jamais, toujours, tôt, tard…
- le **lieu** : ici, là, partout, ailleurs, dehors, dedans, derrière, devant…
- la **quantité** : peu, beaucoup, assez, trop, plus, moins, davantage, très, presque…

1 Identifie chaque adverbe et indique s'il s'agit d'un adverbe de temps, de lieu ou de quantité.

a. Le judoka espère gagner bientôt la médaille d'or.
b. Demain, l'équipe fêtera la victoire.
c. Ouvre cette boîte et regarde dedans.
d. Vous préférez jouer dehors.
e. Artus a assez joué.

2 Transforme le sens de chaque phrase en remplaçant l'adverbe par son contraire.

beaucoup | souvent | derrière | après | tard | mal

a. Elle gagne rarement.
b. Mets-toi devant.
c. Vous arrivez tôt.
d. Lucas chante bien.
e. Nous avons peu dormi.
f. Je prends un bain maintenant.

3 **Dans chaque phrase, identifie l'adverbe, puis indique le mot qu'il modifie.**

a. Nous rendons visite demain à notre tante.
b. Fanny a beaucoup marché.
c. Vous avez vraiment froid.

4 **Complète chaque phrase par un adverbe de temps.**

Aujourd'hui | Autrefois | Bientôt

a. ..., les Athéniens pratiquaient les premiers Jeux dans la Grèce antique.
b. ..., tous les pays du monde participent aux jeux Olympiques.
c. ..., j'entrerai dans l'équipe nationale de judo.

5 **Complète chaque phrase par un adverbe de lieu.**

devant | ici | partout | dehors

a. Julia regarde ..., le soleil brille.
b. Le temps est beau ... en France.
c. Le feu est agréable, je m'assois ... .
d. Déposez ce colis encombrant ... .

6 **Complète chaque phrase avec un adverbe comme demandé.**

a. (adverbe de temps), j'avais (adverbe de quantité) peur du noir.
b. Ce sportif s'entraîne (adverbe de quantité).
c. Il vaut mieux jouer (adverbe de lieu) quand le temps le permet.

7 **Identifie chaque adverbe de temps, de lieu et de quantité, puis analyse-le comme dans l'exemple.**

Exemple : *Elle est <u>assez</u> rapide.*
→ *adverbe de quantité, modifie le sens de l'adjectif* ***rapide***

a. Il se met rarement en colère.
b. Vous partez très bientôt.
c. Il se cache ici.
d. Le tout petit chat miaule.

À ton tour !

→ **Invente une phrase avec l'adverbe de lieu ici, une autre avec l'adverbe de temps quelquefois et une avec l'adverbe de quantité assez.**

→ Mes rituels quotidiens : **Dictée page 164**

Les adverbes de manière

Séance 43

J'observe

→ Mes rituels quotidiens : **Analyse page 165**

Le patineur exécute **parfaitement** un triple saut.

Les **adverbes de manière** expriment de quelle façon se passe l'action : bien, mal, mieux, vite, ainsi, debout, ensemble, plutôt, surtout…

▶ On peut aussi former des **adverbes de manière** avec **-ment** :
– en ajoutant **-ment** aux adjectifs qui se terminent par une voyelle ;
magnifique → *magnifiquement*
joli → *joliment*

– en ajoutant **-ment** au féminin des adjectifs qui se terminent par une consonne.
clair → *claire* → *clairement*

Il existe des cas particuliers comme vrai → vrai**ment**, gentil → genti**ment**.

Attention !
Les adjectifs en **-ant** font des adverbes en **-amment**.
méchant → *méchamment*
Les adjectifs en **-ent** font des adverbes en **-emment**.
prudent → *prudemment*

1 Identifie chaque adverbe de manière dans les phrases.

a. Les oiseaux chantent gaiement ce matin.
b. Les bénévoles travaillent gratuitement.
c. Nous apprenons bien la leçon.
d. Un chien aboie férocement devant la maison.
e. Elsa a mal rangé sa chambre.

Pour trouver l'adverbe de manière, je pose la question : **De quelle façon ?**

2 Identifie chaque adverbe, puis indique le mot qu'il modifie.

a. Je m'entends vraiment bien avec mon voisin.

b. Léo a gentiment prêté son écharpe à Lise.

c. Le très petit chat grimpe agilement à l'arbre.

3 Modifie le sens de chaque phrase en remplaçant l'adverbe par son contraire.

a. La pluie tombe fortement.

b. Le lion avance silencieusement.

c. L'athlète attend impatiemment le résultat.

4 Forme des adverbes en ajoutant le suffixe -ment aux adjectifs suivants.

Exemples : *sage* → *sage**ment***

heureux → *heureuse* → *heureuse**ment***

a. agréable
b. doux
c. fort
d. vif
e. brave
f. sincère
g. délicieux
h. premier
i. adroit

Je me rappelle les règles des féminins particuliers (Unité 4).

5 Forme des adverbes en -emment et -amment à partir des adjectifs suivants.

Exemple : *prudent* → *prudemment*

a. différent
b. intelligent
c. patient
d. récent
e. évident
f. bruyant
g. abondant
h. suffisant

6 Remplace chaque expression soulignée par un adverbe en -ment.

a. Elle jongle avec agilité.

b. L'homme marche avec lourdeur.

c. Elle répond avec timidité.

d. Il s'endort avec facilité.

7 Identifie chaque adverbe de manière dans les phrases, puis analyse-le comme dans l'exemple.

Exemple : *Elle écrit bien.*

→ *adverbe de manière, modifie le sens du verbe **écrit***

a. Vous parlez rapidement.

b. Elle a mal dormi.

c. Le vent souffle violemment.

d. Vous partez ensemble.

→ Mes rituels quotidiens : **Dictée page 165**

Ce que j'ai appris

Séance 44

▸ L'adverbe

Très souvent, les enfants du voisinage jouent ensemble dehors.

- Très → quantité
- souvent → temps
- ensemble → manière
- dehors → lieu

L'adverbe modifie le sens…

- **… du verbe.** *Il nage **vite**.*
- **…de l'adjectif.** *Il est **très** grand.*
- **…d'un autre adverbe.** *Il est **vraiment** très grand.*

▸ L'adverbe de manière en -ment

J'ajoute **-ment** aux adjectifs qui se terminent par une voyelle.

joli → *joliment*   *assidu* → *assidument*
agréable → *agréablement*   *facile* → *facilement*

J'ajoute **-ment** au **féminin** des adjectifs qui se terminent par une voyelle.

fort → *forte* → *fortement*
sec → *sèche* → *sèchement*

J'ajoute **-amment** et **-emment** pour les adjectifs en **-ant** et en **-ent**.

élégant → *élégamment*   *prudent* → *prudemment*

Je révise

1 **Lis chaque phrase en supprimant les adverbes.**

a. Je lis régulièrement des romans d'aventure.
b. Vous avez souvent des égratignures.
c. Elle a souvent les yeux cernés.
d. J'attends le bus longtemps.
e. Souvent, elle se couche tard.

2 **Identifie chaque adverbe et indique s'il s'agit d'un adverbe de temps, de lieu, de quantité ou de manière.**

a. Le temps est assez menaçant.
b. Un orage éclatera bientôt.
c. Je rentrerai prudemment.
d. Il pleut abondamment !
e. Le temps est très doux.

3 **Complète chaque phrase par un adverbe de ton choix.**

a. J'aime ... les balades en forêt.
b. Tu as ... pensé à ton sac de sport.
c. Vous irez ... à la piscine.
d. Nous avançons ... dans la neige.
e. Quand elle fait du vélo, Iris conduit ....

4 **Dans chaque phrase, indique le mot modifié par l'adverbe souligné.**

a. Mon chien joue <u>parfois</u> bruyamment.
b. Il aime <u>beaucoup</u> jouer au parc.
c. Il aboie <u>très</u> souvent.
d. Avec sa balle, il joue <u>longuement</u>.
e. Mon animal de compagnie est <u>vraiment</u> affectueux.

5 **Complète le tableau.**

Adjectif masculin	Adjectif féminin	Adverbe
...	...	parfaitement
...	silencieuse	...
long	...	...
...	vive	...
dernier	...	...

6 **Complète chaque phrase par l'adverbe de manière formé à partir de l'adjectif donné.**

a. Carl écrit (*propre*) dans son cahier.
b. Cette plante a (*magnifique*) fleuri.
c. Vous visitez (*fréquent*) vos grands-parents.
d. Mon frère est tombé (*lourd*) sur son poignet.
e. Nous avons (*parfait*) réussi !

7 **Remplace chaque expression soulignée par un adverbe.**

a. Il danse <u>avec grâce</u>.
b. Le chien aboie <u>avec férocité</u>.
c. Vous marchez <u>avec rapidité</u>.
d. Elle explique <u>avec douceur</u>.
e. Nous travaillons <u>avec courage</u>.

8 **Remplace chaque adjectif par un adverbe en -emment ou en -amment.**

a. Ce garçon est prudent. → Il agit ....
b. Cette dame est intelligente. → Elle parle ....
c. Cet homme est élégant. → Il marche ....
d. La voiture est puissante. → Elle avance ....
e. Il est évident qu'il a raison. → ..., il a raison.

9 **Identifie les adverbes de la phrase suivante et analyse-les.**

- Demain, nous voyagerons ensemble.

Unité 7

Les compléments du verbe

Le complément d'objet

Séance 46

J'observe

→ Mes rituels quotidiens : Analyse page 165

Iris <u>invite</u> **son cousin**.

Ils <u>visiteront</u> **le quartier**.

▶ Les **compléments du verbe** **complètent** ou **précisent** le sens du verbe.

▶ Le **complément d'objet** désigne ce qui est l'objet de l'action.

▶ Pour trouver le **complément d'objet**, je pose la question :
Qui est-ce que… ? Qu'est-ce que… ?
Qui est-ce qu'*Iris invite ?* ***Qu'est-ce qu'****ils visiteront ?*

1 **Identifie chaque complément d'objet.**

a. Coralie regarde un album.
b. Le soleil illumine le ciel.
c. Le jardinier entretient le parc.
d. Julia porte des lunettes.
e. Marc découvre la circulation urbaine.
f. Les enfants apprennent leurs leçons.
g. Vous aimez les sorties culturelles.
h. Fanny gagne la course.

Je repère d'abord le verbe, puis je pose la question :
Qu'est-ce que… ?
Qui est-ce que… ?

2 **Identifie le sujet et le complément d'objet de chaque phrase.**

a. Adam appelle son frère.
b. Ma mère cherche un agenda.
c. Vous attendez le bus.
d. Nous avons gagné la course.
e. Le chien mordille un chausson.
f. Iris montre son quartier.

3 **Identifie le complément d'objet de chaque phrase, puis remplace-le par un autre de ton choix.**

a. Marco découvre la capitale.

b. Le père de Marco élève des chèvres.

c. Il cultive des fruits et des légumes.

d. Les parents d'Alice tiennent un magasin de souvenirs.

4 **Pour chaque image, invente une phrase avec le verbe donné et un complément d'objet.**

prendre | promener | visiter | acheter

5 **Complète chaque phrase par un complément d'objet de ton choix.**

a. Le matin, je bois ....

b. Le policier arrête ....

c. À l'école, j'apprends ....

d. Le dentiste soigne ....

e. Parfois, tu oublies ....

f. Le maître prend ....

6 **Invente une phrase avec chacun des verbes suivants en y ajoutant un sujet et un complément d'objet.**

acheter | visiter | faire | inviter | gagner

7 **Identifie le complément du verbe dans chaque phrase, et analyse-le comme dans l'exemple.**

Exemple : *Je prends le métro.*

→ *complément d'objet du verbe* ***prends***

a. Je cherche mon agenda.

b. Vous retirez votre manteau.

c. Elle écoute une chanson.

d. Iris donne la bonne réponse.

e. Les promeneurs admirent la ville.

f. Medhi achète un souvenir.

→ Mes rituels quotidiens : **Dictée page 165**

Le complément d'objet et l'attribut du sujet

Séance 47

J'observe

→ Mes rituels quotidiens : Analyse page 165

Nicolas porte **un casque**.

Ce garçon semble **prudent**.

Qu'est-ce que porte Nicolas ? Il porte **un casque**.

- **Porte** est un verbe d'action. Il introduit un groupe nominal qui complète le sens du verbe.
  Un casque est le **complément d'objet** du verbe **porter**.
- **Semble** est un verbe d'état. Il est suivi d'un adjectif.
  Prudent est l'**attribut du sujet** **garçon**.

1 Identifie la phrase avec un complément d'objet et celle avec un attribut.

a. La pluie arrose le jardin. • La pluie est glacée.
b. Vous semblez malade. • Vous avalez votre sirop.
c. Tom parle anglais. • Il est américain.
d. Cette dame paraît âgée. • Elle appelle sa petite-fille.

2 Indique si les mots soulignés sont un complément d'objet ou un attribut du sujet. Justifie tes réponses.

a. Le temps restera ensoleillé.
b. La voiture double le vélo.
c. Vous aimez la marche rapide.
d. Kim et Léo paraissent joyeux.
e. La trottinette semble neuve.
f. Les enfants traversent la rue.
g. Ethan gagnera la course.
h. Mes amis sont merveilleux.

3 **Complète chaque phrase par un complément d'objet ou par un attribut du sujet de ton choix.**

a.	Le mécanicien répare	•	La voiture semble ....
b.	Les roses sont	•	Le fleuriste vend ....
c.	Le sportif paraît	•	L'athlète remporte ....
d.	Le cuisinier prépare	•	Ses petits plats semblent ....

4 **Invente des phrases avec les verbes donnés pour décrire l'image.**

ramasser | être | rester | balayer | porter | sembler

5 **Analyse les mots soulignés comme dans les exemples.**

Exemple : *Je regarde le paysage. Je suis émerveillé.*

→ *le paysage : complément d'objet du verbe* ***regarder***

→ *émerveillé : adjectif, attribut du sujet* ***je***

a. Le pilote sort le train d'atterrissage.

b. Le temps devient orageux.

c. Notre champion a encore gagné la course.

d. Le vent sèche le linge.

e. Cette couleur est superbe.

À ton tour !

→ **Invente deux phrases qui ont le même sujet : l'une avec un attribut du sujet, l'autre avec un complément d'objet.**

Exemple : *Le poisson est* ***rouge****. Le poisson attrape* ***l'hameçon****.*

→ Mes rituels quotidiens : **Dictée page 165**

Les compléments de temps et de lieu

Séance 48

J'observe

→ Mes rituels quotidiens : **Analyse page 166**

L'après-midi, ils se promènent **dans le parc**.

- Pour trouver le complément de temps, je pose la question : **Quand ?**
  Quand *se promènent-ils dans le parc ?*
- Pour trouver le complément de lieu, je pose la question : **Où ?**
  Où *se promènent-ils ?*

1 Identifie le sujet, le verbe et le complément de chaque phrase.

a. J'arriverai à midi.
b. Nous randonnons en Auvergne.
c. Elle chante à l'opéra.
d. Je mange un croissant.
e. Ma mère rentrera à six heures.
f. Vous avez un rhume.
g. Le vent souffle toute la nuit.
h. Nous lisons dans notre chambre.

2 Identifie le complément de chaque phrase et indique s'il précise le temps ou le lieu.

a. La nuit tombe sur la campagne.
b. Vous vous promènerez dans la forêt.
c. Tu joueras plus tard.
d. Les enfants jouent dans le parc.
e. Le musée ferme bientôt.
f. L'hiver, les ours hibernent.
g. J'ai lu toute la journée.

Je repère d'abord le verbe, puis je pose la question :
Où ? Quand ?

3 **Identifie le complément de temps de chaque phrase et déplace-le comme dans l'exemple.**

Exemple : *Vous sortirez <u>bientôt</u>.*

→ ***Bientôt**, vous sortirez.*

a. Mon cousin vient à la maison demain.
b. Nous allons à la cantine à midi.
c. Je rangerai ma chambre plus tard.
d. Ce seront les vacances dans quelques semaines.

Quand le complément se trouve devant le sujet et le verbe, je le sépare par une virgule.

4 **Lis chaque phrase en supprimant les compléments de temps et de lieu.**

a. Vous rentrerez plus tard.
b. Il pose son livre sur la table.
c. À Nice, il fait chaud.
d. Lise déménage ce week-end.

5 **Complète chaque phrase par un complément de temps de ton choix.**

a. …, nous voyagerons dans le Sud.
b. …, vous aviez un cours de musique.
c. Les oiseaux migrateurs partiront ….
d. …, nous étudierons au collège.

Pour choisir le complément de temps, je regarde bien le temps des verbes !

6 **Complète chaque phrase par un complément de lieu de ton choix.**

a. Je me suis promené ….
b. Nous nous sommes réunis ….
c. La gazelle galope ….
d. Les enfants jouent ….

7 **Identifie chaque complément de temps et de lieu et analyse-les comme dans l'exemple.**

Exemple : *Je vais <u>à l'école</u>.*

→ *complément de lieu du verbe **vais***

a. Nous déménageons à la campagne.
b. Tu te promènes après la sieste.
c. Le coq chante à l'aube.
d. J'ai rangé mes vêtements dans ma valise.

→ Mes rituels quotidiens : **Dictée page 166**

Le complément de manière

Séance 49

J'observe

→ Mes rituels quotidiens : **Analyse page 166**

Ils se promènent **avec prudence.**
Ils marchent **d'un bon pas.**

▶ Pour trouver le complément de manière, je pose les questions :
Comment ? De quelle manière ?
Comment *se promènent-ils ?*
De quelle manière *marchent-ils ?*

1 Identifie le complément de manière de chaque phrase.

a. Les enfants parlent en chuchotant.
b. Nous avançons à vive allure.
c. Vous écrivez sur vos cahiers avec soin.
d. Jérémy saute du plongeoir avec courage.
e. Il attend avec impatience.

Je repère d'abord le verbe, puis je pose la question : **Comment ?**

2 Identifie le complément de chaque phrase et indique s'il précise la manière, le temps ou le lieu.

a. Nous travaillons de notre mieux.
b. Je pars dans dix minutes.
c. Paul lit dans son lit.
d. Vous écoutez avec attention.
e. Mamie arrive dans une semaine.
f. Luc balaie le sol de la classe.

3 **Déplace le complément de manière de chaque phrase comme dans l'exemple.**

Exemple : *<u>En silence</u>, les élèves se rangent.*

→ *Les élèves se rangent* ***en silence****.*

a. Mon père a retrouvé ses clés rapidement.
b. Julia regarde le ciel menaçant avec inquiétude.
c. Les enfants se promenaient main dans la main.
d. Un rossignol chante à tue-tête.
e. Ma sœur est entrée dans ma chambre sans frapper.

Quand le complément se trouve devant le sujet et le verbe, je le sépare par une virgule.

4 **Complète chaque phrase par un complément de manière.**

avec fierté | en pleurant | à tue-tête | au triple galop

a. Elle regarde son genou écorché.
b. Nous recevons notre récompense.
c. Le cheval avançait.
d. Elle chante.

5 **Remplace chaque complément de manière par un autre de ton choix.**

a. Guillaume regardait les glaces avec envie.
b. Les automobilistes conduisent avec prudence.
c. Les enfants font leurs exercices sans tarder.
d. Elle marchait sur les pavés en trébuchant.

6 **Identifie chaque complément de manière et analyse-le comme dans l'exemple.**

Exemple : *Elle récite sa leçon <u>en chuchotant</u>.*

→ *complément de manière du verbe* ***récite***

a. Nous marchons en file indienne.
b. Vous mangez avec gourmandise.
c. Agnès écoute l'histoire avec attention.
d. Julia s'est blessée en jouant.

À ton tour !

→ **Invente deux phrases avec chacun des compléments de manière suivants.**

avec difficulté | avec courage

→ Mes rituels quotidiens : **Dictée page 166**

Ce que j'ai appris

Les compléments du verbe

Les compléments d'objet

Qui, quoi est l'objet de l'action du verbe ?

Julia aime ***Mozart****.*

Julia traverse ***la rue****.*

Les compléments qui précisent les **circonstances** de l'action ou de l'état exprimé par le verbe

Complément de temps

Quand ?

Pendant combien de temps ?

Ce matin*, Théo travaille à l'école.*

Complément de lieu

Où ?

D'où ?

Ce matin, Théo travaille ***à l'école****.*

Complément de manière

Comment ?

De quelle manière ?

Il étudie ***avec sérieux****.*

Je révise

1 **Identifie le complément d'objet de chaque phrase.**

a. Nous visiterons un musée cet après-midi.
b. Mes parents prennent le métro tous les jours.
c. Ma sœur commence les cours à huit heures du matin.
d. Vous gardez votre petit frère cet après-midi.
e. Je révise mes leçons tous les soirs.

2 **Indique si les mots soulignés sont un complément d'objet ou un attribut du sujet.**

a. Le cheval franchit <u>la haie</u>.
b. Le piano est <u>désaccordé</u>.
c. Vous semblez <u>satisfaits</u>.
d. Martha et Ugo sont <u>rapides</u>.
e. L'arbitre donne <u>le départ</u>.
f. Le contrôleur vérifie <u>les billets</u>.
g. Iris apprend <u>sa leçon</u>.

3 **Identifie les compléments de chaque phrase et indiquent s'ils précisent le lieu, le temps ou la manière.**

a. Vous irez à Lyon la semaine prochaine.
b. Le chien entre dans la pièce avec fracas.
c. Demain, nous monterons au sommet de la tour.
d. Dans les embouteillages, des automobilistes klaxonnent avec impatience.

4 **Complète chaque phrase par des compléments comme demandé.**

	Complément			
	d'objet	de temps	de lieu	de manière
a. Je jouerai ….		X	X	
b. Elle apprend ….	X			X
c. Les enfants courent ….		X	X	
d. Nicolas a gagné ….	X	X		
e. Nous marchons ….			X	X

5 **Analyse les compléments comme dans l'exemple.**

Exemple : *Ce matin* → *complément de temps du verbe* ***dépose***

a. Ce matin, la factrice dépose une carte postale dans la boîte aux lettres.

b. Hier soir, j'ai écrit une poésie avec soin.

c. Le boulanger pétrit le pain en malaxant la pâte pendant trente minutes.

d. Nous gagnons la course de justesse cette fois !

e. L'avion atterrira à Marseille dans deux heures.

f. Pendant les heures de pointe, en ville, on traverse la rue avec prudence.

6 **Décris l'image en utilisant les compléments. Nomme les différents compléments.**

7 **Identifie les compléments des phrases suivantes et analyse-les.**

a. Pendant la coupure de courant, il avance en tâtonnant dans le noir.

b. Ma sœur fait du vélo à vive allure dans l'allée.

Unité 8

La phrase

La ponctuation dans la phrase

Séance **52**

➜ Mes rituels quotidiens : **Analyse page 166**

J'observe

Sur la plage, les enfants s'amusent ; ils font des châteaux de sable, jouent au ballon, se baignent. Inès dit à Jérémy : « Quel beau château ! »

▶ La **phrase** est un groupe de mots organisés **qui a un sens.** Elle commence par une **majuscule** et finit par un **point.** La **ponctuation** dans la phrase permet de faciliter la lecture.

La virgule ,

▶ Elle sépare des mots ou des groupes de mots à l'intérieur de la phrase.

▶ Elle sépare les éléments d'une liste.

Le point-virgule ;

▶ Il lie deux phrases indépendantes en une seule phrase.

La **virgule** marque une pause légère. Le **point-virgule** marque une pause plus longue.

Les deux-points :

▶ Ils introduisent une explication ou une liste.

▶ Ils introduisent une prise de parole.

Les guillemets « »

▶ Ils indiquent que quelqu'un parle. Ils encadrent ce que dit celui qui parle.

1 **Nomme les signes de ponctuation en rouge et indique à quoi ils servent.**

a. Ce matin, les bateaux sortent du port ; la mer est calme.

b. Matteo s'exclame : « J'aurais dû prendre un chapeau ! »

c. Le pêcheur vend ses poissons : dorades, maquereaux, thons et sardines.

d. Soraya nous rejoindra plus tard ; comme elle est étourdie, elle a oublié son maillot.

2 **Complète chaque phrase par des virgules ou deux-points.**

a. À midi … les enfants ravis font un pique-nique.

b. Dans la glacière, ils trouvent … des jus … des sandwichs … des gâteaux et de l'eau.

c. Après la baignade … Louise est épuisée … elle s'endort sur le sable.

d. Le pêcheur regarde le ciel … il restera au port si la tempête se lève.

3 **Avec les deux phrases, fais une seule phrase en utilisant le point-virgule.**

a. Cette plage est très agréable. C'est du sable et non des galets.

b. Julia est contrariée. Son biscuit est tombé dans le sable.

c. Carl observe les oiseaux. Il souhaite être ornithologue plus tard.

d. Aujourd'hui, les enfants sont déçus. Il y a de grosses vagues, la baignade est interdite.

4 **Complète chaque phrase par une liste de trois noms de ton choix.**

a. Dans mon cartable, je mets : …

b. Cette trousse de secours contient : …

c. Au zoo, nous admirons : …

d. Mes activités préférées sont : …

e. Pour faire un bon pique-nique, je prends : …

5 **Complète chaque phrase par les deux-points et les guillemets.**

a. Rémy range une gourde dans son sac. Sa mère dit …
… Regarde si le bouchon est bien fermé ! …

b. Le pêcheur surveille sa ligne. Il s'exclame …
… Merveilleux, le poisson mord ! …

c. Justine est épuisée. Elle demande …
… Puis-je m'étendre sur la chaise longue ? …

d. La vigie observe l'horizon et s'écrie …
… Terre en vue ! …

e. Il fait chaud sur la plage. Adam propose à sa sœur …
… Allons nous baigner ! …

→ Mes rituels quotidiens : **Dictée page 166**

La forme affirmative et la forme négative

Séance 53

➜ Mes rituels quotidiens : **Analyse page 167**

J'observe

J'ai **déjà** fait de la planche à voile.

Toi, tu **n'**as **jamais** fait de la planche à voile.

▶ Une **phrase** peut être à la **forme affirmative** ou à la **forme négative**.

▶ La phrase à la **forme affirmative** est une phrase qui **affirme** quelque chose.

▶ Au contraire, la phrase à la **forme négative** est une phrase qui **nie** quelque chose.

▶ Le verbe est alors encadré par des **mots de négation** :
ne ... pas, ne ... plus, ne ... rien, ne ... jamais, ne ... personne.

ne devient **n'** devant une voyelle ou un **h** muet : Il **n'**habite pas ici.

1 Identifie les phrases affirmatives et les phrases négatives, puis relève les mots de négation.

a. Je ne sais pas nager très vite.
b. Je n'ai plus froid.
c. Les pêcheurs quittent le port.
d. Nous n'avons vu personne.
e. J'ai une faim de loup !
f. Elle n'a plus de crème solaire.
g. Vous allez au bord de la mer.
h. Les mouettes sont bruyantes.
i. Tu n'as pas appris à nager.
j. Elles ne disent rien.
k. Ils ne rentreront pas tard.
l. Je n'ai jamais essayé le surf.

2 Transforme chaque phrase affirmative en phrase négative.

a. J'aime les haricots verts.
b. Ma grand-mère a besoin de lunettes pour lire.
c. Marius a entendu l'histoire que tu racontes.
d. Tu as envie de finir ton travail.
e. Elles apprennent la fable de *La Cigale et la Fourmi*.

3 Transforme chaque phrase affirmative en phrase négative.

Exemple : *ne ... plus* — *J'ai encore faim.* → *Je **n'**ai **plus** faim.*

a. ne ... jamais — Elle porte toujours ses lunettes pour lire.
b. ne ... personne — Vous attendez quelqu'un.
c. ne ... rien — Carl entend tout.
d. ne ... pas — Tous les bateaux sont rentrés au port.
e. ne ... plus — Je veux encore regarder ce film.
f. ne ... jamais — Inès a déjà vu la mer.

4 Transforme chaque phrase négative en phrase affirmative.

tout — toujours — encore — quelqu'un

Exemple : *Je n'ai plus faim.* → *J'ai **encore** faim.*

a. Louise ne veut plus jouer.
b. Jérémie n'a rien mangé au déjeuner.
c. Ils n'attendent personne pour commencer à travailler.
d. Je ne suis jamais contente de partir en vacances.

5 Réponds à chaque question par une phrase affirmative, puis par une phrase négative.

Exemple : *Sais-tu nager ?*

→ ***Oui,** je sais nager.* • ***Non,** je **ne** sais **pas** nager.*

a. Aimes-tu les moules ?
b. Avez-vous fini de vous préparer ?
c. Allez-vous parfois en Bretagne ?
d. Avez-vous déjà fait de la voile ?
e. Veux-tu encore du gâteau ?
f. Avez-vous toujours envie de vous baigner ?

À ton tour !

→ **Pose la question de ton choix à tes camarades : ils répondent par une phrase affirmative ou par une phrase négative.**

→ Mes rituels quotidiens : **Dictée page 167**

La phrase déclarative et la phrase interrogative

Séance 54

→ Mes rituels quotidiens : Analyse page 167

J'observe

Clara regarde la mer.
Est-ce un phare à l'horizon **?**

▶ **La première phrase** est une **phrase déclarative**.

▶ **La seconde phrase** est une **phrase interrogative**.

▶ La **phrase déclarative** donne une **information**. Elle se termine par un **point.**

▶ La **phrase interrogative** pose une **question**. Elle se termine par un **point d'interrogation.**

La phrase déclarative et la phrase interrogative peuvent être à la **forme affirmative** ou à la **forme négative.**

1 Identifie les phrases déclaratives et les phrases interrogatives, puis indique si elles sont à la forme affirmative ou à la forme négative.

a. Ces gens ne partent-ils pas en croisière ?
b. La météo n'est pas bonne aujourd'hui.
c. En bateau, certains ont le mal de mer.
d. Savez-vous distinguer un goéland d'une mouette ?
e. Les trois-mâts ont de grandes voiles.

2 Transforme chaque phrase déclarative en phrases interrogatives.

a. Vous aimez les sorties en mer.
b. Tu ne veux pas être marin.
c. Vous avez fini notre assiette.
d. Tu cours vite.
e. Vous n'attendez personne.
f. Tu ne veux plus jouer.

3 **Transforme chaque phrase interrogative en phrase déclarative.**

a. Les livres de la bibliothèque sont-ils rangés ?

b. Êtes-vous parisiens ?

c. Réviserons-nous notre leçon ce soir ?

d. Aimes-tu les fruits de mer ?

4 **Lis le petit texte en marquant bien la ponctuation.**

Qu'est-ce qu'un phare ?

Un phare est une haute tour surmontée d'une lanterne. Il sert à guider les bateaux de nuit. Il existe encore 900 phares sur les côtes françaises. En as-tu déjà visité ?

Connais-tu le métier de gardien de phare ? le gardien surveille la navigation, allume et éteint la lanterne. Il s'assure de la bonne visibilité en mer. Il sonne de la corne de brume si elle devient trop mauvaise. Ce métier risque de disparaître car beaucoup de phares sont automatiques aujourd'hui.

a. **Combien le texte contient-il de phrases déclaratives ?**

b. **Combien contient-il de phrases interrogatives ?**

5 **Relis le texte, puis réponds aux questions avec des phrases déclaratives.**

a. Combien de phares trouve-t-on en France ?

b. À quoi servent-ils ?

c. Comment alerte-t-on si la visibilité en mer est mauvaise ?

d. Pourquoi le métier de gardien de phare risque-t-il de disparaître ?

À ton tour !

→ **À partir de l'image, invente trois phrases déclaratives et trois phrases interrogatives.**

→ Mes rituels quotidiens : **Dictée page 167**

La phrase interrogative (1)

Séance 55

→ Mes rituels quotidiens : Analyse page 168

J'observe

Est-ce que tu aimes la plongée **?**
Voyez-**vous** des étoiles de mer **?**

▶ Ces phrases sont des **questions totales**.

▶ On dit que la **question** est **totale** lorsque l'on y répond par **oui** ou **non**.

▶ On forme alors la phrase interrogative :
- en ajoutant l'expression **est-ce que** à la phrase déclarative ;
- en inversant le pronom sujet et le verbe de la phrase déclarative.

Vous voyez. Voyez-vous ? On met un **trait d'union** entre le verbe et le sujet inversé.	Il a plongé. a-**t**-il plongé ? Avec les pronoms **il** et **elle**, il faut mettre un **-t-** de liaison devant un verbe qui commence par une voyelle.

1 **Identifie les questions totales.**

a. Est-ce qu'il pleut ?
b. Qui est là ?
c. Où vas-tu ?
d. Quand viens-tu ?
e. Avez-vous soif ?
f. Comment vas-tu ?
g. Es-tu fatigué ?
h. Est-ce que tu viens ?
i. Veux-tu de l'eau ?

2 **Transforme chaque phrase déclarative en phrase interrogative comme dans l'exemple.**

Exemple : *Il vient.* → ***Est-ce** qu'il vient ?*

a. Une tempête est annoncée.
b. Les bateaux restent au port.
c. Les pêcheurs réparent les filets.
d. Ils jouent aux cartes.

3 **Transforme chaque phrase déclarative en phrase interrogative comme dans l'exemple.**

Exemple : *Il vient.* → *Vient-**il** ?*

a. Vous arrivez bientôt.

b. Elle est en retard.

c. Tu fais un château de sable.

d. Elles parlent fort.

4 **Transforme chaque phrase déclarative en phrase interrogative comme dans l'exemple.**

Exemple : *Julie chante.* → *Julie chante**-t-elle** ?*

a. Nicolas aime les couchers de soleil.

b. Les enfants s'amusent beaucoup.

c. Sofia attache ses sandales.

d. La mer est calme.

5 **Trouve une autre façon de poser chaque question.**

a. Est-ce qu'elle a appris à faire des divisions ?

b. Savez-vous nager ?

c. Fait-il du vélo sans les petites roues ?

d. Est-ce que vous jouez du trombone ?

6 **Réponds à chaque question avec une phrase déclarative.**

a. Aimes-tu aller à la plage ?

b. As-tu déjà fait du bateau à voile ?

c. Lis-tu une histoire le soir avant de te coucher ?

d. Fais-tu du sport le mercredi ?

À ton tour !

→ **Pense à un animal. Demande à tes camarades de deviner lequel tu as choisi en te posant des questions. Tu ne peux répondre que par oui ou par non.**

→ Mes rituels quotidiens : **Dictée page 168**

La phrase interrogative (2)

Séance 56

➜ Mes rituels quotidiens : Analyse page 168

J'observe

Combien d'oursins vois-tu ?

▶ **Cette phrase** est une **question partielle**.

▶ On dit que la **question** est **partielle** lorsque l'on demande un **renseignement** particulier.

▶ Elle commence par un **mot interrogatif** (**qui**, **que**, **quand**, **comment**, **combien**, **où**, **pourquoi** ...) et le verbe est placé avant le sujet :
Qui *es-tu ?* ***Que*** *fais-tu ?* ***Quand*** *viens-tu ?* ***Comment*** *t'appelles-tu ?*
Où *habites-tu ?* ***Pourquoi*** *ne me réponds-tu pas ?*
Sauf quand **qui** est sujet : ***Qui*** *est venu ?*

1 Identifie les questions totales et les questions partielles.

a. Où as-tu trouvé ces coquillages ?
b. Avez-vous vu des crabes ?
c. Qui avez-vous vu partir à la pêche ce matin ?
d. Pouvez-vous déplacer cette grosse pierre ?
e. Combien de moules as-tu dans ton seau ?
f. Viens-tu à la pêche avec nous ?

2 Complète chaque phrase interrogative par un mot interrogatif.

Comment | Qui | Où | Pourquoi | Quand

a. ... les pommes sont-elles mûres ? Elles sont mûres en octobre.
b. ... était Surcouf ? C'était un grand corsaire malouin.
c. ... la mer est-elle salée ? Elle est salée parce qu'elle se charge des sels minéraux des roches.
d. ... les pingouins vivent-ils ? Ils vivent dans l'hémisphère nord.
e. ... pêche-t-on les couteaux ? On saupoudre du sel et le couteau sort sa tête du sable.

3 **Transforme chaque phrase déclarative en phrase interrogative comme dans l'exemple.**

Exemple : *Je regarde **combien de degrés il fait**.*

→ ***Combien** de degrés **fait-il** ?*

a. Je me demande **pourquoi il est absent**.

b. Je veux savoir **quand il arrivera**.

c. Je surveille **où elle va**.

d. Je te dirai **quand il faudra partir**.

e. Tu verras **comment il faut faire**.

4 **Retrouve les questions qui ont obtenu ces réponses.**

a. Mon livre coûte **dix euros**.

b. Nous partirons **dans deux jours**.

c. Ma mère va **chez le dentiste**.

d. Elle va chez le dentiste **parce qu'elle a une carie**.

5 **Réponds à chaque question avec une phrase déclarative.**

a. Comment t'appelles-tu ?

b. Que fais-tu le samedi ?

c. Combien as-tu de frères ou de sœurs ?

d. Où vas-tu après l'école ?

e. Quand fais-tu du sport ?

f. Qui aimerais-tu inviter chez toi mercredi ?

À ton tour !

→ **À partir de l'image, invente trois questions partielles et réponds-y.**

→ Mes rituels quotidiens : **Dictée page 168**

La phrase exclamative et la phrase impérative

Séance 57

→ Mes rituels quotidiens : **Analyse page 169**

J'observe

Que c'est beau !
Ne fais pas tomber tes jumelles.

- **La première phrase** est une phrase exclamative.
- La **phrase exclamative** exprime une **émotion** : surprise, colère, peur, joie…
- Elle se termine par un **point d'exclamation**.
- Elle peut commencer par un **mot exclamatif** : que, comme…
- **La deuxième phrase** est une phrase impérative.
- La **phrase impérative** donne un **ordre**, un **conseil**, un **avertissement**.
- Elle se termine par un **point** ou un **point d'exclamation**.

La phrase exclamative et la phrase impérative peuvent être à la **forme affirmative** ou à la **forme négative**.

1 **Identifie les phrases exclamatives, puis indique si elles sont à la forme affirmative ou à la forme négative.**

a. Quelle chaleur aujourd'hui !
b. Ces bateaux ne sont pas étanches !
c. Les ports de plaisance abritent les bateaux.
d. Ces pauvres pêcheurs n'ont toujours rien pris !
e. Vous partez au bord de la mer tous les étés.
f. Une mouette a mangé mon goûter !

2 **Identifie les phrases impératives.**

a. Il y a souvent des orages en été.
b. Prends ton parapluie.
c. Avez-vous pris votre boussole ?
d. Ne courez pas.
e. Quel jour sommes-nous ?
f. Va chercher ta sœur.
g. Les nuages assombrissent le ciel.
h. Ne vous disputez pas !

3 **Nomme chaque signe de ponctuation et dis de quel type de phrase il s'agit.**

phrase interrogative | phrase exclamative | phrase déclarative

a. Combien de temps restez-vous ?
b. J'ai oublié mes lunettes !
c. Une dune est une colline de sable.
d. Je mets de la crème solaire.
e. Aimez-vous le bruit de la mer ?
f. Que le sable est brûlant !
g. Vous vous protégez du soleil.
h. La mer est très agitée !

4 **Transforme chaque phrase déclarative en phrase exclamative en ajoutant un mot exclamatif comme dans l'exemple.**

Exemple : *Le ciel est beau.*

→ ***Comme*** *le ciel est beau !* ***Que*** *le ciel est beau !*

a. La pluie est rafraîchissante.
b. Mes amis sont amusants.
c. Ces coups de soleil sont douloureux.
d. Ces vacances sont merveilleuses.
e. Ces moules sont délicieuses.

5 **Transforme chaque phrase impérative à la forme négative.**

a. Enlève ton chapeau.
b. Fais la grimace.
c. Éclaboussez les nageurs.
d. Courez sur les rochers mouillés.
e. Caressez les méduses.
f. Saute dans l'eau.

6 **Invente des phrases impératives comme dans l'exemple.**

Exemple :  *Trottinette interdite* → *Ne faites pas de trottinette.*

a.  Baignade interdite
b.  Feux interdits
c.  Plongeon interdit
d.  Pêche interdite

À ton tour !

→ **Organise un « Jacques a dit » : invente des ordres à donner à tes camarades.**

→ Mes rituels quotidiens : **Dictée page 169**

Ce que j'ai appris

Séance 58

La ponctuation dans la phrase

- La virgule , → Séparer des mots.
- Le point-virgule ; → Lier deux phrases indépendantes en une seule phrase.
- Les deux-points : → Annoncer une liste ou une explication.
  → Annoncer une prise de parole.
- Les guillemets « » → Faire parler un personnage.

Les types de phrases

La forme affirmative	La forme négative
La phrase déclarative	
J'aime la mer.	Je n'aime pas la mer.
La phrase interrogative	
Aimes-tu la mer ? Est-ce que tu aimes la mer ? Qui aime la mer ?	N'aimes-tu pas la mer ? Est-ce que tu n'aimes pas la mer ? Qui n'aime pas la mer ?
La phrase exclamative	
Comme tu es gentil !	Tu n'es pas gentil !
La phrase impérative	
Parle plus fort.	Ne parle pas plus fort.

Je révise

1 Complète la ponctuation à l'intérieur des phrases.

a. Elle porte ... un short ... un t-shirt ... un pull blanc et des tongs.
b. Le marin annonce ... ... la marée sera haute à seize heures. ...
c. Il y a des roses ... des tulipes ... des marguerites ... c'est sublime !
d. Arthur contemple la mer ... il rêve de partir au large.

2 Complète la ponctuation en fin de phrase.

a. Que ce bruit est assourdissant ...
b. Range ta chambre après le petit déjeuner ...
c. Viens-tu te baigner avec moi ...
d. À marée basse, on trouve des crabes dans les rochers ...

3 Réponds à chaque question en faisant une phrase complète.

a. Les licornes existent-elles ?
b. Les bateaux sont-ils tous des voiliers ?
c. La baleine est-elle un mammifère ?
d. Les poules ont-elles des dents ?

4 Transforme chaque phrase déclarative en deux phrases interrogatives comme dans l'exemple.

Exemple : *Carl aime la pêche.* → ***Est-ce que** Carl aime la pêche ?*
*Carl aime**-t-il** la pêche ?*

a. Vous avez peur des vagues.
b. Tes parents vont au restaurant.
c. Julie arrive bientôt.
d. Le bateau a levé l'ancre.
e. L'air iodé est bon pour la santé.

5 Transforme chaque phrase en suivant l'indication donnée.

a. Elle part en Guadeloupe. → phrase interrogative
b. Vous avez trop chaud. → phrase négative
c. Ces dinosaures sont immenses. → phrase exclamative
d. Mange beaucoup de sucreries. → phrase négative

6 **Retrouve les questions qu'ont posées Iris et Nicolas au pêcheur.**

Combien | Quand | Où

« Nous sommes partis ce matin, au lever du jour. »
« Nous avons pêché une tonne de sardines. »
« Nous les vendrons sur la place du marché. »
« Le kilo de sardine coûte cinq euros le kilo. »

7 **Lis le petit texte en marquant bien la ponctuation, puis indique le type et la forme de chaque phrase.**

Le crabe est un crustacé, comme la crevette, la langouste ou le homard. Il a dix pattes ! Ses pattes avant sont des pinces.
Sais-tu comment marche le crabe ? Il se déplace sur le côté. Mais cela ne le ralentit pas ; au contraire, certains sont si rapides qu'on les appelle les crabes fantômes !
Un pêcheur ajoute : « Les crabes sont utiles car ils nettoient le sable. Observe-les à marée basse dans les rochers, où ils se cachent. »

8 **Invente un petit dialogue en utilisant tous les types de phrases.**

Unité 9 L'imparfait et le passé composé

L'imparfait des verbes des 1er et 2e groupes

Séance 60

J'observe

→ Mes rituels quotidiens : Analyse page 170

Certains hommes préhistoriques **habitaient** dans des grottes.
Ils **polissaient** les pierres pour faire des outils.

▶ **habitaient** est le verbe **habiter** à l'**imparfait**.
polissaient est le verbe **polir** à l'**imparfait**.

▶ L'**imparfait** est un **temps du passé** qui exprime une action qui a duré ou qui s'est répétée.

▶ L'imparfait se construit ainsi : j'habitais.
radical : habit — terminaison : ais

Verbes du 1er groupe	Verbes du 2e groupe
habiter	**polir**
j'habitais	je polissais
tu habitais	tu polissais
il habitait	il polissait
nous habitions	nous polissions
vous habitiez	vous polissiez
ils habitaient	ils polissaient

Pour tous les verbes, sauf **être**, le radical est le même que celui de la 1re personne du pluriel du présent.

1 Identifie le temps des verbes.

a. Je trouvais.
b. Tu montes.
c. Tu entoureras.
d. Ils brillaient.
e. Je dévorais.
f. Elles comptent.
g. Nous finirons.
h. Ils démolissaient.
i. Il rougissait.

2 Conjugue les verbes aimer et finir à l'imparfait à toutes les personnes.

3 Complète les verbes par la terminaison de l'imparfait qui convient.

a. Il répét….
b. Elles assist….
c. Tu parl….
d. Tu dessin….
e. Elle rougiss….
f. J'aim….
g. Ils port….
h. Tu ski….
i. Vous tomb….

4 **Complète chaque phrase par un pronom personnel sujet.**

a. … allumais la lumière
b. … habitions à Lyon.
c. … scintillaient dans le ciel.
d. … écoutiez attentivement.
e. … promenais ton chien le soir.
f. … fléchissait les genoux.

5 **Complète chaque phrase par le verbe donné, à l'imparfait.**

a. Je (*coller*) une leçon dans mon cahier.
b. Les lapereaux (*bondir*) hors de leur terrier.
c. Ma sœur (*chérir*) son petit chaton.
d. Nous (*atterrir*) à l'aéroport de Roissy.

6 **Complète chaque phrase par un sujet et le verbe à l'imparfait à la personne demandée.**

a. *refuser*, 2e personne du pluriel → … de manger des épinards.
b. *calculer*, 2e personne du singulier → … une addition compliquée.
c. *divertir*, 3e personne du singulier → Tous les soirs, … son public.
d. *rougir*, 3e personne du pluriel → Étant timides, … très souvent.

7 **Identifie le temps de chaque verbe et mets-le à l'imparfait.**

a. Chloé et moi jouons du piano.
b. Noémie et Rose bronzeront au soleil.
c. Vous finirez cet exercice.
d. La maîtresse élève des phasmes dans la classe.
e. Tu aideras ton ami à porter son cartable.
f. Je porte un carton très lourd.

8 **Identifie chaque verbe et analyse-le comme dans l'exemple.**

Exemple : *Ils jouaient ensemble.*
→ *verbe* ***jouer****, 1er groupe, imparfait, 3e personne du pluriel*

a. Je jouais au Monopoly.
b. Mes frères promenaient le chien.
c. Nous finissions à la même heure.

→ Mes rituels quotidiens : **Dictées page 170**

L'imparfait des verbes en *-ier, -iller, -yer*

Séance 61

→ Mes rituels quotidiens : **Analyse page 170**

J'observe

Nous **défiions** les bêtes sauvages.
Nous **taillions** des silex pour faire des outils.
Nous ne nous **ennuyions** jamais.

▶ Aux **deux premières personnes du pluriel**, le **i** de la terminaison ne s'entend pas toujours. Il ne faut cependant pas l'oublier !

	défier	tailler	s'ennuyer
1re personne du pluriel	nous défiions	nous taillions	nous nous ennuyions
2e personne du pluriel	vous défiiez	vous tailliez	vous vous ennuyiez

1 **Conjugue les verbes crier, essayer et briller à l'imparfait à toutes les personnes.**

2 **Dans chaque phrase, identifie le verbe et indique son infinitif.**

a. Nous criions de joie après notre victoire.
b. Vous bafouilliez de timidité.
c. Vous envoyiez souvent un colis à vos grands-parents.
d. Nous déviions de notre trajectoire.
e. Nous tournoyions dans les airs.
f. Vous sautilliez d'impatience.

3 **Mets le verbe à l'imparfait à la personne demandée.**

a. travailler → Nous ….
b. déployer → Vous ….
c. plier → Nous ….
d. essuyer → Vous ….
e. bâiller → Tu ….
f. rayer → Vous ….

4 **Mets le verbe à l'imparfait à la 1re personne du pluriel, puis à la 2e personne du pluriel.**

a. nettoyer — Nous ... la cuisine après le repas. • Vous ...
b. brouiller — Nous ... les pistes pour ne pas être repérés. • Vous ...
c. confier — Nous ... un secret très important. • Vous ...
d. griller — Nous ... des saucisses au barbecue. • Vous ...
e. essayer — Nous ... de faire au mieux. • Vous ...

5 **Mets le sujet de chaque phrase à la personne demandée et accorde le verbe à l'imparfait.**

a. Je photographiais un magnifique paysage. → 1re personne du pluriel
b. Tu payais tes achats à la caisse. → 2e personne du pluriel
c. Il égayait nos journées par son sourire. → 2e personne du pluriel
d. Elles sciaient du bois. → 1re personne du pluriel
e. Je skiais dans les Alpes. → 2e personne du pluriel

6 **Identifie le temps de chaque verbe et mets-le à l'imparfait.**

a. Nous relions deux points.
b. Vous balayez le sol de la classe
c. Nous ne nous ennuyons jamais !
d. Vous surveillez la cour de récréation.
e. Nous relayons un message.

7 **Identifie chaque verbe et analyse-le comme dans l'exemple.**

Exemple : *Ils criaient.*
→ *verbe **crier**, 1er groupe, imparfait, 3e personne du pluriel*

a. Ils brouillaient les pistes.
b. Tu criais de toutes tes forces.
c. Elle essayait une nouvelle robe.

À ton tour !

→ **Invente deux phrases à l'imparfait avec deux verbes de la leçon. Utilise la 1re et la 2e personne du pluriel.**

→ Mes rituels quotidiens : **Dictées page 170**

L'imparfait des verbes en *-cer, -ger, -guer*

Séance 62

→ Mes rituels quotidiens : **Analyse page 170**

J'observe

Ils **se déplaçaient** à pied.
Ils **mangeaient** de la viande.
Ils **dialoguaient** dans une langue inconnue.

▶ Pour les **verbes en -cer**, on écrit **ç** à la place de **c** aux personnes du singulier et à la 3e personne du pluriel pour faire « s ».

▶ Pour les **verbes en -ger**, on ajoute un **e** après le **g** aux personnes du singulier et à la 3e personne du pluriel pour faire « j ».

▶ Pour les **verbes en -guer**, on conserve le **u** du radical à toutes les personnes.

déplacer	manger	dialoguer
je déplaçais	je mangeais	je dialoguais
tu déplaçais	tu mangeais	tu dialoguais
il / elle déplaçait	il / elle mangeait	il / elle dialoguait
nous déplacions	nous mangions	nous dialoguions
vous déplaciez	vous mangiez	vous dialoguiez
ils / elles déplaçaient	ils / elles mangeaient	ils / elles dialoguaient

1 **Conjugue les verbes conjuguer, nager et lancer à l'imparfait à toutes les personnes.**

2 **Complète chaque phrase par le verbe donné à l'imparfait.**

a. Les élèves (*effacer*) le tableau tous les soirs.
b. Marjorie (*bercer*) sa petite sœur.
c. Vous (*annoncer*) de bonnes nouvelles.
d. Tu (*lacer*) les chaussures de ton petit frère.
e. J'(*avancer*) très prudemment dans ce labyrinthe.

3 Complète chaque phrase par le verbe donné, à l'imparfait.

a. Tu (*naviguer*) sur l'Atlantique.

b. Vous (*conjuguer*) des verbes à l'imparfait.

c. Ces gens (*intriguer*) tout le monde avec leurs histoires !

d. Nous (*voguer*) au fil de l'eau.

e. Cette barque (*tanguer*) dangereusement.

4 Complète chaque phrase par le verbe donné, à l'imparfait.

a. Tu (*ranger*) tes affaires.

b. Tristan (*engager*) facilement la conversation.

c. Nous (*corriger*) les exercices de mathématiques.

d. Je (*voyager*) souvent à l'étranger.

e. Les acrobates (*voltiger*) dans les airs.

5 Mets le sujet de chaque phrase à la personne demandée et accorde le verbe à l'imparfait.

a. Nous déménagions très souvent. → 3e personne du pluriel

b. Vous grimaciez de douleur. → 1re personne du singulier

c. Nous grincions des dents la nuit. → 2e personne du singulier

d. Hier, nous distinguions bien le cap Fréhel. → 3e personne du singulier

e. Vous dirigiez l'orchestre avec fierté. → 3e personne du pluriel

6 Identifie le temps de chaque verbe et mets-le à l'imparfait.

a. Le bébé suce son pouce.

b. Vous élaguerez vos arbres fruitiers en automne.

c. Nous protégeons les espèces animales menacées.

d. François et Arthur échangent quelques mots.

e. Vous tracez un trait à la règle.

7 Identifie chaque verbe et analyse-le comme dans l'exemple.

Exemple : *Je partage le chocolat.*

→ *verbe* ***partager****, 1er groupe, imparfait, 1re personne du singulier*

a. Tu lançais des cailloux dans l'eau.

b. Vous dirigiez le groupe pour la visite.

c. Ces piqûres de moustiques le démangeaient.

→ Mes rituels quotidiens : **Dictées page 170**

L'imparfait des verbes du 3e groupe

Séance 63

→ Mes rituels quotidiens : Analyse page 171

J'observe

Ils **étaient** organisés.
Ils **avaient** secret du feu.
Ils **faisaient** des vêtements avec des peaux de bête.

▶ À l'imparfait, les **verbes du 3e groupe** se conjuguent, comme les autres verbes, avec le **radical** du verbe et les **terminaisons** de l'imparfait.

▶ Pour tous les verbes, sauf pour **être**, ce radical est le même que celui de la 1re personne du pluriel du présent.

être → ét-
avoir (*nous avons*) → av-
dire (*nous disons*) → dis-
faire (*nous faisons*) → fais-
pouvoir (*nous pouvons*) → pouv-
vouloir (*nous voulons*) → voul-
prendre (*nous prenons*) → pren-
voir (*nous voyons*) → voy-

→ -ais, -ais, -ait, -ions, -iez, -aient

1 **Conjugue chaque verbe à l'imparfait à toutes les personnes du singulier.**

être | avoir | faire | dire

2 **Conjugue chaque verbe à l'imparfait à toutes les personnes du pluriel.**

pouvoir | vouloir | prendre | voir

3 Complète chaque phrase par un sujet qui convient.

a. ... disais bonjour à tous tes amis.
b. ... étais un peu en retard ce matin.
c. Autrefois, ... faisaient la lessive à la main.
d. ... voulait voir la mer.
e. La semaine dernière, ... avions la grippe.
f. ... preniez tout votre temps.

4 Complète chaque phrase par le verbe donné, à l'imparfait.

a. J'(*être*) très timide.
b. Elle (*avoir*) une bonne mémoire.
c. Tu (*dire*) toujours la vérité.
d. Medhi et moi (*faire*) des courses.
e. Les enfants (*prendre*) leur goûter.
f. Tu ne (*pouvoir*) plus courir.
g. Vous (*voir*) souvent vos amis.
h. Léa et sa sœur (*vouloir*) voir ce spectacle.

5 Transforme chaque phrase avec le sujet donné et accorde le verbe à l'imparfait.

a. Tu faisais tes devoirs. → Rémi ...
b. Je lui disais d'être patient. → Anne et moi ...
c. Loïc était passionné par la préhistoire. → Loïc et toi ...
d. Valentin et Joachim voulaient faire du sport. → Nous ...
e. Tu prenais des vacances chaque été. → Je ...
f. Nous pouvions skier chaque hiver. → Romain et sa famille ...
g. Vous voyiez vos voisins tous les jours. → Amélie ...

6 Identifie le temps de chaque verbe et mets-le à l'imparfait.

a. Nous sommes au CE2.
b. Elle aura un rhume.
c. Vous faites un exercice de conjugaison.
d. Je verrai souvent mes cousins.
e. Ils veulent aller chez le coiffeur.
f. Tu prendras ton déjeuner sur la terrasse.

7 Identifie chaque verbe et analyse-le.

a. Quand j'étais petit, je buvais du lait au petit déjeuner.
b. Avant, la vie était plus difficile.
c. L'hiver, vous faisiez du feu dans la cheminée.
d. Enfants, ils voulaient vivre dans un château.

→ Mes rituels quotidiens : **Dictées page 171**

Le passé composé des 1er et 2e groupes

Séance 64

→ Mes rituels quotidiens : Analyse page 171

J'observe

Nous **avons visité** une grotte préhistorique.
Nous **avons posé** des questions.
Le guide **a expliqué** la vie des hommes préhistoriques.

▶ On utilise le **passé composé** pour raconter une **action passée et terminée** au moment où l'on parle.

▶ Au **passé composé**, la plupart des verbes se conjuguent avec le verbe **avoir**.

nous avons visité

avoir au présent — **participe passé** du verbe

	Participe passé
Verbes du 1er groupe	Radical du verbe + é *visité*
Verbes du 2e groupe	Radical du verbe + i *fini*

Le verbe **avoir** est un auxiliaire : il « aide » à conjuguer.

On dit que le passé composé est un **temps composé**.

1 **Conjugue les verbes bouger et finir au passé composé à toutes les personnes.**

2 **Identifie le temps des verbes.**

a. J'ai grandi.
b. Il a démarré.
c. Nous regarderons.
d. Ils participaient.
e. Je branche.
f. Elles ont gagné.
g. Elle a agi.
h. Ils observent.
i. Tu joueras.
j. Tu as loué.
k. Nous avons fini.
l. Vous garnirez.

3 **Complète chaque phrase par le participe passé du verbe donné.**

a. Vous avez (*porter*) des cartons très lourds.
b. J'ai (*choisir*) un livre policier.

c. Tu as (*acheter*) des croquettes pour chat.
d. L'athlète a (*franchir*) la ligne d'arrivée.
e. Les élèves ont beaucoup (*réfléchir*).
f. Nous avons (*travailler*) sur notre exposé.

4 Complète chaque phrase par l'auxiliaire avoir au présent.

a. Tu ... tellement grandi depuis quelques mois !
b. J'... parlé dans mon sommeil.
c. Vous ... gagné votre compétition de danse.
d. Fanny et Blanche ... oublié leur agenda.
e. Maman et moi ... rempli le coffre de courses.
f. Cet éléphant ... surgi de nulle part.

5 Mets le sujet de chaque phrase à la personne demandée et accorde le verbe au passé composé.

a. Tu as rempli ton verre. → 3e personne du pluriel
b. Vous avez regardé un film. → 3e personne du singulier
c. J'ai aimé ce spectacle de magie. → 1re personne du pluriel
d. Les comédiens ont joué sur scène. → 2e personne du pluriel
e. Nous avons fermé la porte. → 1re personne du singulier
f. Thomas a posé une bonne question. → 2e personne du singulier

6 Identifie le temps de chaque verbe et mets-le au passé composé.

a. Il réussit du premier coup.
b. Tu fournissais un bel effort !
c. Vous avertissez les pompiers.
d. Tu fermeras les volets.
e. Nous décorons notre chambre.
f. Ils visiteront la tour Eiffel.

7 Identifie chaque verbe et analyse-le comme dans l'exemple.

Exemple : *Elle a gagné son match.*
→ *verbe **gagner**, 1er groupe, passé composé, 3e personne du singulier*

a. Vous avez gravi cette montagne.
b. Nous avons cuisiné toute la journée.

→ Mes rituels quotidiens : **Dictées page 171**

Le passé composé des verbes *être* et *avoir*

Séance 65

→ Mes rituels quotidiens : **Analyse page 171**

J'observe

Les élèves **ont été** attentifs.
Ils **ont eu** beaucoup d'informations.

▶ Les verbes **être** et **avoir** au **passé composé** se conjuguent ainsi : auxiliaire **avoir** au présent + **participe passé** du verbe.

être	avoir
j'ai été	j'ai eu
tu as été	tu as eu
il / elle a été	il / elle a eu
nous avons été	nous avons eu
vous avez été	vous avez eu
ils / elles ont été	ils / elles ont eu

Le participe passé du verbe **être**, c'est **été**.
Le participe passé du verbe **avoir**, c'est **eu**.

1 **Conjugue les verbes être et avoir au passé composé aux personnes du singulier.**

2 **Complète chaque phrase par le participe passé des verbes être ou avoir.**

a. Vous avez … très chanceux.
b. Tu as … très gâté à ton anniversaire.
c. Jean a … très peur.
d. J'ai … envie de te voir.
e. Cet hiver, nous avons … un peu malades.
f. Tes cousines ont … dix ans cette année.

3 **Complète chaque phrase par le verbe être ou avoir au passé composé.**

a. Rose ... ... de bons résultats.
b. J' ... ... surpris de vous voir ici.
c. Tu ... ... de très bon conseil.
d. Vous ... ... un cadeau magnifique.
e. Nous ... ... ravis de vous rencontrer.
f. Paul et Zoé ... ... très peur.

4 **Mets le sujet de chaque phrase à la personne demandée et accorde le verbe au passé composé.**

a. Il a eu une bonne note. → 1re personne du pluriel
b. Faustine a eu huit ans hier. → 3e personne du pluriel
c. Tu as été tellement gentil ! → 3e personne du singulier
d. Vous avez été réveillés tôt ce matin → 2e personne du singulier

5 **Identifie le temps de chaque verbe et mets-le au passé composé.**

a. Emma avait un livre sur la préhistoire.
b. Nous sommes de bons pâtissiers.
c. Anne et Pierre ont une voiture rouge.
d. Tu seras absent quelques jours.
e. J'étais rapide sur ce parcours.
f. Vous aurez raison de mettre un bonnet.

6 **Identifie chaque verbe et analyse-le.**

a. Hier soir, elle a eu de la fièvre.
b. Vous avez été surpris par notre cadeau !
c. Merci, tu as été d'une grande aide.
d. Ils ont eu envie d'une crêpe pour le goûter.

À ton tour !

→ **Réponds aux questions suivantes en utilisant les verbes être et avoir au passé composé.**

a. As-tu déjà été malade ?
b. Qu'as-tu eu pour ton anniversaire ?

→ Mes rituels quotidiens : **Dictées page 171**

Le passé composé des verbes du 3e groupe

Séance 66

→ Mes rituels quotidiens : **Analyse page 172**

J'observe

Les élèves **ont vu** des silex.
Ils **ont voulu** en savoir plus.
Ils **ont fait** de belles découvertes.

▶ Les verbes **dire**, **faire**, **pouvoir**, **vouloir**, **voir** et **prendre** se conjuguent ainsi au passé composé :

auxiliaire **avoir** au présent + **participe passé** du verbe

Participes passés					
dire	faire	pouvoir	vouloir	voir	prendre
dit	fait	pu	voulu	vu	pris

1 **Conjugue chaque verbe au passé composé à toutes les personnes.**

dire — faire — pouvoir — vouloir — voir — prendre

2 **Identifie l'auxiliaire et le participe passé du verbe de chaque phrase.**

a. Arthur et Victor ont pu rentrer avant l'averse.
b. Tu as voulu grimper jusqu'en haut du mur d'escalade.
c. Jules a fait beaucoup de progrès.
d. Vous avez dit à tout le monde d'attendre.

3 **Complète chaque phrase par un sujet qui convient, puis donne l'infinitif du verbe.**

a. … as pu aller à la bibliothèque.
b. … ont dit d'écouter la consigne.
c. … a voulu m'acheter un cadeau.
d. … ai pris mon parapluie.
e. … avons vu notre petit frère.
f. … avez fait un bel exposé.

4 **Complète chaque phrase par le verbe donné au passé composé.**

a. J'(*vouloir*) essayer une nouvelle recette.
b. Nous (*pouvoir*) rester jusqu'à la fin du concert.
c. Tu (*voir*) cette émission hier soir.
d. Le pâtissier (*faire*) des tartelettes au citron.
e. Nous (*dire*) bonjour à nos voisins.
f. Ils (*prendre*) leurs jambes à leur cou !
g. Vous (*faire*) du bon travail.

5 **Mets le sujet de chaque phrase à la personne demandée et accorde le verbe au passé composé.**

a. J'ai voulu revoir ce dessin animé. → 1re personne du pluriel
b. Nous avons vu *La Joconde* au Louvre. → 3e personne du pluriel
c. Tu as pu sortir dehors malgré la pluie. → 2e personne du pluriel
d. Elle a fait ses devoirs pour la semaine. → 1re personne du singulier
e. Ils ont dit ce qu'ils pensent. → 2e personne du singulier
f. Vous avez pris un bain. → 3e personne du singulier

6 **Identifie le temps de chaque verbe et mets-le au passé composé.**

a. Tu pourras faire tes devoirs.
b. Elles voulaient le rencontrer.
c. Vous disiez au revoir.
d. Je verrai la plage de Saint-Malo.
e. Nous faisons un gâteau.
f. Il prend ses bottes de pluie.

7 **Identifie chaque verbe et analyse-le.**

a. Les aventuriers ont pris leur courage à deux mains.
b. Tu as dit un secret à ta meilleure amie.
c. Vous avez voulu un nouveau cahier.

À ton tour !

→ **Invente une phrase au passé composé avec chaque expression.**

a. pouvoir faire du vélo
b. vouloir dormir
c. voir un film
d. faire le ménage
e. prendre l'air
f. dire un secret

→ Mes rituels quotidiens : **Dictées page 172**

Imparfait ou passé composé ?

Séance 67

→ Mes rituels quotidiens : **Analyse page 172**

J'observe

Iris **a regardé** les outils que les hommes préhistoriques **utilisaient**.

▶ Le passé composé exprime des **actions passées précises et achevées**, des **faits de premier plan**.

▶ L'imparfait est utilisé pour des **descriptions** dans le passé, des **actions qui durent** dans le passé, des **faits d'arrière-plan**.

1 Identifie le temps des verbes soulignés et justifie son emploi.

a. Nous avons visité une grotte où vivaient les premiers hommes.
b. Hier, tu as attrapé froid car tu ne portais pas ton manteau.
c. Ce matin, elle a reçu un appel alors qu'elle était en rendez-vous.
d. Vous avez fermé la fenêtre car il pleuvait.
e. Ils avaient faim, alors ils ont acheté un sandwich.
f. Je cherchais quoi faire et j'ai eu une idée !

2 Dans chaque phrase, identifie les verbes et indique leurs temps. Justifie leur emploi.

a. Nous nous ennuyions, donc nous avons joué à un nouveau jeu.
b. Il faisait ses courses quand il a croisé une amie.
c. Je montais les escaliers et soudain, j'ai trébuché.
d. Noé a préparé le repas car il avait faim.
e. Pour le goûter, il a bu une limonade, car il avait très soif.
f. Hier matin, il était en retard, donc il a couru vers le bus.

3 **Choisis la forme verbale qui convient.**

a. Marcus descendait les escaliers, soudain il ratait | a raté une marche.
b. Elle lisait | a lu tranquillement un livre, et elle a été interrompue.
c. Nous observions | avons observé le ciel, tout à coup nous avons vu une étoile filante.
d. Farid corrigeait | a corrigé un exercice quand la maîtresse l'a interrogé.
e. Tu as fermé la fenêtre, car il a fait | faisait froid dehors.

4 **Dans chaque phrase, mets le verbe au temps qui convient.**

a. Dimanche, il (*faire*) beau, nous avons mangé une glace au bord de la mer.
b. Son anniversaire était hier, Joy (*recevoir*) beaucoup de cadeaux.
c. Mehdi (*dormir*) profondément quand le téléphone a sonné.
d. Ils avaient froid, donc ils (*enfiler*) un gilet.
e. L'élève (*avoir*) mal à la main, donc quelqu'un a écrit à sa place.

5 **Dans chaque phrase, mets les verbes au temps qui convient. Justifie.**

a. Cet après-midi, tu (*avoir*) faim, donc tu (*grignoter*) vers seize heures.
b. Tu (*faire*) tes devoirs quand tu (*entendre*) la sirène des pompiers.
c. Hier, vous (*faire*) une grasse matinée, car vous (*être*) fatigués.
d. Nous (*visiter*) un site préhistorique, c'(*être*) très intéressant.
e. Je (*regarder*) la télévision quand il y (*avoir*) une panne d'électricité.

6 **Analyse chaque verbe et justifie son emploi.**

a. Comme il n'avait plus faim, il a donné sa part de gâteau à sa sœur.
b. Quand j'étais enfant, j'ai fait beaucoup de bêtises.
c. Nous avons vu un film au cinéma, tout le monde riait dans la salle.
d. Vous étiez très fatigués, vous avez fait une sieste.

À ton tour !

→ **Invente une phrase avec les deux expressions. Utilise le passé composé et l'imparfait.**

être affamé • prendre un en-cas

→ Mes rituels quotidiens : **Dictées page 172**

Ce que j'ai appris

Séance 68

▸ L'imparfait

Les hommes préhistoriques **occupaient** des grottes.

occup|aient → verbe **vivre** à l'imparfait

- occup : radical du verbe (de la 1re personne du pluriel du présent)
- aient : terminaison de l'imparfait **-ais**, **-ais**, **-ait**, **-ions**, **-iez**, **-aient**

▸ Le passé composé

La semaine dernière, une classe **a visité** un site préhistorique.

a|visité → verbe **visiter** au passé composé

- a : auxiliaire **avoir** au présent
- visité : participe passé du verbe

▸ L'imparfait et le passé composé

Nous **avons visité** une grotte que les hommes préhistoriques **occupaient**.

- Le **passé composé** exprime une action accomplie dans le passé, une action de premier plan.
- L'**imparfait** exprime une action qui dure ou qui se répète dans le passé, une action d'arrière-plan.

Je révise

1 Indique le temps et donne l'infinitif de chaque verbe.

a. Les élèves additionnaient sans aucune difficulté.
b. Augustin et moi avons fait un dessin ensemble.
c. Tu étais avec des amis, tu as tardé à rentrer.
d. Vous essayiez une nouvelle recette de gâteau.
e. Ce champion a gagné la médaille d'or.
f. Je faisais un tour de manège.

2 Complète chaque phrase par un sujet qui convient.

a. ... lui disiez un secret.
b. ... avons franchi la ligne d'arrivée.
c. ... ont perdu leur chat.
d. ... regardaient la télévision.
e. ... as appris cette poésie sans difficulté.
f. ... oubliais souvent ma trousse.

3 Complète chaque phrase par le verbe donné au temps demandé.

a. **Au passé composé :**
1. La cloche (*retentir*) dans la cour de récréation.
2. Les bûcherons (*scier*) du bois.
3. Dimanche dernier, j'(*voir*) un film magnifique au cinéma.
4. Il (*finir*) de lire son livre hier soir.

b. **À l'imparfait :**
1. Nous (*trier*) les déchets.
2. Tu (*surprendre*) tes amis avec ce tour de magie.
3. Vous (*aller*) souvent chez vos voisins.
4. Je (*rougir*) de plaisir.

4 **Mets le verbe de chaque phrase au temps demandé.**

a. **Au passé composé :**
1. Tu vois la neige tomber par la fenêtre.
2. Nous faisons la queue à la boulangerie.
3. Je peux dire quelques mots en anglais.
4. Le coiffeur raccourcit les cheveux de sa cliente.

b. **À l'imparfait :**
1. Flavie est malade.
2. Vous récitez votre leçon.
3. Elles sautent à la corde.
4. Nous franchissons facilement tous les obstacles.

5 **Mets le sujet de chaque personne à la personne demandée et accorde le verbe.**

a. J'ai nettoyé le garage. → 1re personne du pluriel
b. Vous naviguiez sur l'océan Atlantique. → 2e personne du singulier
c. Elle venait de finir son travail. → 2e personne du pluriel
d. Nous avons eu très froid cette nuit. → 3e personne du singulier
e. Tu allais au supermarché. → 3e personne du singulier
f. Ils ont pris l'autobus. → 1re personne du singulier

6 **Dans chaque phrase, mets le verbe au temps qui convient.**

a. Hier, il faisait tellement beau que nous (*pouvoir*) nous baigner.
b. Pendant que j'(*être*) sous la douche, j'ai reçu un coup de téléphone.
c. La nuit dernière, le temps (*être*) très orageux, j'ai eu du mal à dormir.
d. Nous dormions profondément quand le réveil (*sonner*).
e. Comme il (*pleuvoir*), nous avons décidé de rester au chaud.
f. Elles (*prendre*) leur manteau car il faisait froid.

Je révise les temps

1 Donne l'infinitif, le groupe et le temps de chaque verbe.

a. Tu partiras.
b. Elle fabrique.
c. Nous jouons.
d. Ils utilisaient.
e. Vous courrez.
f. J'ai aimé.
g. Tu prendras.
h. Elles ont bu.
i. Elles pourront.
j. Nous avions.
k. Il a fait.
l. Je dis.

2 Identifie chaque verbe et indique s'il s'agit d'un verbe d'état ou d'un verbe d'action.

a. Hier, vous étiez en retard à votre rendez-vous.
b. Il semble très étonné.
c. Nous avons bavardé avec nos voisins.
d. Demain, tu iras à ton entraînement de basket.
e. Non, je ne suis pas d'accord avec toi.
f. La semaine prochaine, elles feront des crêpes.

3 Identifie le verbe dans chaque phrase, puis donne son infinitif, son groupe et son temps.

a. Le mois dernier, ils ont déménagé à Berlin.
b. Chaque dimanche, tu joues aux cartes avec ton grand-père.
c. Dans quelques années, vous pourrez conduire une voiture.
d. Nous partons en vacances en camping-car.
e. J'ai terminé tout mon travail.
f. Petite, elle prenait son lait dans un biberon.

4 Mets chaque verbe au temps demandé.

	Présent	Futur	Imparfait	Passé composé
faire	je …	tu …	il …	elle …
jouer	nous …	vous …	elles …	ils …
finir	tu …	nous …	je …	vous …
être	elles …	il …	vous …	tu …

5 **Complète chaque phrase par le verbe au temps demandé.**

a. **Au présent :**

1. Je ne (*faire*) pas souvent de bêtises.
2. Nous (*lancer*) la balle à nos coéquipiers.

b. **Au passé composé :**

1. Tu (*jouer*) au handball pendant des années.
2. Vous (*dire*) bonjour en anglais.

c. **Au futur :**

1. Ils (*franchir*) la ligne d'arrivée les premiers.
2. Grégoire ne (*danser*) pas ce soir.

d. **À l'imparfait :**

1. Autrefois, on ne (*pouvoir*) pas voyager en avion.
2. Jadis, les gens n'(*avoir*) pas de voiture.

6 **Mets le verbe de chaque phrase au temps demandé.**

a. Nous prenons tout notre temps. → futur
b. Elles entonneront un chant de Noël. → passé composé
c. Tu as fait des biscuits au chocolat. → présent
d. Je frémis d'impatience. → imparfait
e. Vous avez aperçu un oiseau dans son nid. → futur
f. Rosa avait très faim. → présent

7 **Identifie chaque verbe du texte, puis analyse-le.**

Pendant les vacances, j'étais à Paris avec ma famille. C'était passionnant !
Nous avons vu des tableaux magnifiques au musée d'Orsay.
Nous avons visité la tour Eiffel.
Aujourd'hui, je suis de retour à la maison. Ma sœur et moi faisons une sieste, car nous sommes très fatiguées de notre voyage.
Mon frère préfère lire dans sa chambre.
Demain, nous retournerons à l'école et je raconterai tout à mes amis.

Mon projet d'écrivain

J'écris à l'imparfait et au passé composé.

L'**imparfait** s'utilise pour exprimer une action du passé qui a duré ou qui s'est répétée.
Le **passé composé** s'utilise pour exprimer une action qui vient juste de se passer et qui est terminée.

1 Lis l'article écrit par Iris pour raconter la visite d'un site préhistorique par sa classe.
Identifie le temps de chaque verbe et justifie leur emploi.

Avec notre classe, nous sommes allés visiter une grotte préhistorique. Nous avons découvert une réplique de la grotte originale. Chacun d'entre nous a admiré les nombreuses peintures pariétales.
Nous avons beaucoup appris sur la vie quotidienne des hommes préhistoriques.
Les hommes préhistoriques vivaient de la chasse, de la pêche et de la cueillette. Ils étaient nomades et se déplaçaient pour suivre les animaux qu'ils chassaient.

2 Dans ton cahier, écris des phrases :

a. **Pour parler de la visite des enfants sur le site préhistorique.**

• visiter	• site préhistorique	• intéressant
• découvrir	• exposition	• passionnant
• expliquer	• guide	• clairement

b. Pour parler de la vie quotidienne des hommes préhistoriques.

- chasser
- cueillir
- fabriquer
- mammouth
- baies
- armes
- dangereux
- sauvage
- efficace

La visite, c'est une action qui vient de se passer, j'utilise le passé composé.

La vie des hommes préhistoriques, c'est une action qui a duré dans le temps, j'utilise l'imparfait.

3 À ton tour, rédige un article qui raconte cette visite.
Écris un paragraphe pour dire ce qu'ont fait les enfants, et un paragraphe pour parler de la vie des hommes préhistoriques.

voir
observer
admirer
apprendre
écouter
apercevoir
comprendre

pêcher
faire du feu
peindre
construire
se déplacer

grotte
peintures pariétales
outils
silex
vestiges
animaux sauvages
peaux de bêtes
ossement

Pour écrire sans faute :
- Je relis mes phrases.
- Je vérifie les majuscules et les points.
- Je vérifie l'emploi des verbes et leur conjugaison.
- Je vérifie que j'ai bien recopié les mots donnés.

Mes rituels quotidiens

Unité 1 • Le nom et le déterminant

Analyse **Analyse chaque mot encadré en bleu.**

SÉANCE 1

Dictée J'aime la musique classique.

« è » = ai « z » = s « s » = ss

SÉANCE 2

Le musée du Louvre ouvre à dix heures.

elle

Dictée Aujourd'hui, la classe visite le musée Grévin.

« o » = au h muet « s » = ss « z » = s e muet

SÉANCE 3

Hier, tu étais au stade de France.

il « s » = c

Dictée Mon père assiste au match du stade de France.

« s » = ss « en » = an

SÉANCE 4

Cet hiver, les compétitions commenceront.

elle « si » = ti

Dictée Cette année, notre classe participe à une compétition de musique.

e muet « s » = ss « s » = c m devant m, b, p « z » = s

Pour analyser un nom :

- Je donne sa nature : nom commun ou nom propre.
- Je donne son genre : masculin ou féminin.
- Je donne son nombre : singulier ou pluriel.

Pour analyser un déterminant :

- Je donne sa nature : article défini, article indéfini, déterminant démonstratif, déterminant possessif.
- Je donne son genre et son nombre.
- Je donne sa fonction : détermine le nom....

Unité 2 • Le verbe et le présent

Analyse **Analyse chaque mot encadré en bleu.**

SÉANCE 7 Iris attend son tour dans la file.

« en » = an « en » = en

Dictée Elle patiente avant de prendre un plateau.

« si » = ti « en » = en t muet « o » = eau

SÉANCE 8 Marie aide les enfants à choisir le menu.

« en » = en « en » = an infinitif

elle

Dictée Marie aide les enfants à couper la viande.

e muet « è » = ai t muet *enfantin* « en » = an

Je mémorise les noms :
musique – classe – musée – père – match – stade – France – année – compétition – musique – plateau – enfant – viande

Je mémorise l'adjectif : classique

Je mémorise les verbes :
aimer – visiter – assister – participer – patienter – aider

Je mémorise les mots invariables :
aujourd'hui – avant

Mes rituels quotidiens

Analyse **Identifie le verbe de la phrase.**
Analyse chaque mot encadré en bleu.

SÉANCE 9 Nous voulons une orangeade bien fraîche.

Dictée Il prépare une orangeade et des bonbons pour son ami.

« en » = an « j » = ge exception m devant m, b, p

SÉANCE 10 Jean et son ami remercient le cuisinier.

Dictée Je remercie le cuisinier pour son travail.

« s » = c « z » = s « é » = er *travailler*

SÉANCE 11 Il verse de l'eau dans mon verre.

il

Dictée Mon voisin verse de l'eau dans mon verre.

« z » = s « o » = eau s muet

Pour analyser un nom :
– Je donne sa nature, son genre et son nombre.

Pour analyser un déterminant :
– Je donne sa nature, son genre, son nombre et sa fonction : détermine le nom....

Analyse **Identifie le verbe de la phrase.**
Analyse chaque mot encadré en bleu.

SÉANCE 12 Nous commençons le repas par une entrée.

Dictée Nous mangeons de la soupe en **entrée**.

« en » = an « j » = ge « en » = an e muet

SÉANCE 13 Ils mangent des fruits et des légumes.

infinitif

Dictée Il pèle un fruit pour le manger.

t muet *fruité* « en » = an « j » = g

SÉANCE 14 Après le repas, vous essuyez la vaisselle.

infinitif « s » = ss s muet

Dictée Ils finissent d'essuyer la vaisselle après le repas.

« s » = ss « è » = è s muet

Je mémorise les noms :
orangeade – bonbon – cuisinier – travail – voisin –
eau – verre – soupe – entrée – fruit – vaisselle – repas

Je mémorise les verbes :
préparer – remercier – verser – manger – peler – finir – essuyer

Je mémorise les mots invariables :
dans – pour – après

Mes rituels quotidiens

Analyse **Identifie et analyse le verbe de la phrase.**
Analyse chaque mot encadré en bleu.

SÉANCE 15 À table, les enfants boivent rarement de boisson sucrée.

ils · « en » = an · *être* · « o » = au · *avoir*

Dictée **Les enfants sont autour de la table, ils ont faim.**

« en » = en · t muet *enfantin* · « in » = aim

SÉANCE 16 Ils sont en train de préparer une tarte.

t muet

Dictée **Vous ne faites pas souvent de tarte à la cerise.**

« en » = en · « s » = c · « z » = s

SÉANCE 17 Tu es en train de te laver les mains.

« en » = an · s muet

Dictée **Je vais me laver les mains avant le repas.**

infinitif · « in » = ain · t muet

Pour analyser un pronom personnel :
- Je donne sa personne : 1re, 2e ou 3e personne du singulier, 1re, 2e ou 3e personne du pluriel.
- Je donne sa fonction : sujet du verbe....

Pour analyser un verbe :
- Je donne son infinitif et son groupe.
- Je donne son temps.
- Je donne sa personne.

Analyse **Identifie et analyse le verbe de la phrase.**
Analyse chaque mot encadré en bleu.

SÉANCE 18 Ce garçon vient de finir son dessert.

t muet *partie* — « s » = ss

il

Dictée Le garçon prend **en**core une par**t** de de**ss**er**t**.

« s » = ç — « en » = en — t muet

SÉANCE 19 Nicolas voit le dessert dans l'assiette de son voisin.

Dictée Tu peux fini**r** tout**e** ton a**ss**ie**tt**e.

infinitif — tout — « s » = ss

Je mémorise les noms :
enfants – faim – cerise – main – repas – garçon – part – dessert – assiette

Je mémorise les verbes :
être – avoir – faire – aller – prendre – pouvoir

Je mémorise les mots invariables :
autour – souvent – à – avant – encore

Mes rituels quotidiens

Unité 3 • L'adjectif

Analyse **Identifie et analyse le verbe de la phrase.**
Analyse chaque mot encadré en bleu.

SÉANCE 22 Les hérissons se nourrissent de petits insectes.

Dictée Un minuscule **hérisson** traverse le **sentier désert**.

(il — traverse ; « é » = er ; h aspiré ; « s » = ss ; « en » = en ; « z » = s ; t muet *déserte*)

SÉANCE 23 Une superbe fleur tropicale pousse dans ce jardin botanique.

Dictée Ce fruit tropical pousse **dans** les **pays chauds**.

(il — pousse ; « en » = an ; s muet ; « o » = au ; t muet *fruité* ; « s » = ss ; s muet ; s muet *paysage* ; d muet *chaude*)

SÉANCE 24 Les arbres centenaires sont hauts et majestueux.

Dictée L'arbre **centenaire** semble robuste et vigour**eux**.

(il — semble ; « e » = eu ; cent ; m devant m, b, p ; x muet)

Pour analyser un adjectif :
– Je donne sa nature : adjectif qualificatif.
– Je donne son genre : masculin ou féminin.
– Je donne son nombre : singulier ou pluriel.
– Je donne sa fonction : épithète du nom…, attribut du sujet….

Unité 4 • Le groupe nominal

Analyse **Identifie et analyse le verbe de la phrase.**
Analyse chaque mot encadré en bleu.

SÉANCE 27 Un skieur expert dévale la pente abrupte.

Dictée Une skieuse experte et rapide dévale la piste noire.

elle — skieur — expert — noir

SÉANCE 28 Un alpiniste heureux admire la neige fraîche.

Dictée L'alpiniste débutante chute dans la neige poudreuse.

elle — « en » = an — « è » = ei — début — « en » = an — s muet — « je » = g — poudreux

SÉANCE 29 Un homme photographie le paysage enneigé.

Dictée Une femme photographie la parure blanche des sapins.

elle — « a » = e — « f » = ph — « en » = an

Je mémorise les noms :
hérisson – sentier – fruit – pays – skieur – alpiniste – neige – femme

Je mémorise les adjectifs :
minuscule – désert – tropical – chaud – centenaire – robuste – vigoureux – expert – noir – débutant – poudreux – blanc

Je mémorise les verbes :
traverser – pousser – sembler – dévaler – chuter – photographier

Mes rituels quotidiens

Analyse **Identifie et analyse le verbe de la phrase.**
Analyse chaque mot encadré en bleu.

SÉANCE 30 De beaux chamois observent les sportifs audacieux.

ils

Dictée De nouveaux skieurs suivent la monitrice en file indienne.

de = des « o » = eau *moniteur* *indien*

SÉANCE 31 Nous restons près du feu par cette journée glaciale.

elles

Dictée Les températures glaciales sont normales les mois hivernaux.

m devant m, b, p s muet h muet *hiver*

SÉANCE 32 Vous faites un magnifique bonhomme de neige avec vos cousins.

au t muet *sportif* ils « è » = ai

Dictée Aux sports d'hiver, les enfants aiment faire des bonhommes de neige.

h muet h muet *bon-homme*

Pour analyser un groupe nominal :
- J'analyse le nom du groupe nominal.
- J'analyse le déterminant.
- J'analyse l'adjectif.

Unité 5 • Le futur

Analyse **Identifie les groupes nominaux de la phrase et indique le nom.**
Identifie et analyse le verbe de la phrase.
Analyse chaque mot encadré en bleu.

SÉANCE 35 Les heureux vacanciers skient dans les Pyrénées.

Dictée L'**h**iver proch**ain**, tu ski**eras** dan**s** les **Pyrénées**.

« in » = ain · h muet · *prochaine* · s muet · e muet

SÉANCE 36 Le chef étoilé participera à une émission télévisée.

Dictée Quan**d** tu se**ras** plu**s** gran**d**, tu au**ras** un rest**aurant** troi**s** étoiles.

d muet · d muet *grande* · « en » = an · t muet

SÉANCE 37 Bientôt, je serai un grand médecin et je sauverai des vies.

Dictée Le mé**d**e**c**in pour**ra** soi**gner** **s**es pa**t**ien**ts** malade**s**.

il · infinitif · « s » = c · « gn » = gn · « si » = ti · t muet *patiente*

Je mémorise les noms :
skieur – moniteur – température – mois – sport – hiver –
Pyrénées – restaurant – étoile – médecin – patient

Je mémorise les adjectifs :
nouveau – indien – glacial – normal –
hivernal – prochain – grand – trois

Je mémorise le mot invariable : plus

Je mémorise les verbes : suivre – skier – pouvoir – soigner

Mes rituels quotidiens

SÉANCE 38 Cette courageuse exploratrice verra des lieux magnifiques dans le monde entier.

ils

« j » = g « e » = eu infinitif

Dictée Les voyageurs prendront l'avion pour visiter des endroits magnifiques.

« en » = en t muet « gn » = gn

Unité 6 • L'adverbe

Analyse **Identifie les groupes nominaux de la phrase et indique le nom.**
Identifie et analyse le verbe de la phrase.
Analyse chaque mot encadré en bleu.

SÉANCE 41 Tôt ou tard, les coureurs franchiront la ligne d'arrivée.

il

Dictée Ce coureur franchira très vite la ligne d'arrivée.

« en » = an s muet e muet

SÉANCE 42 Mon athlète préféré s'entraîne énormément.

ils p muet

Dictée Les athlètes courageux s'entraînent toujours beaucoup.

h muet *courage* s muet « o » = eau

Pour analyser un adverbe :
– Je donne sa nature : adverbe.
– Je donne sa fonction : modifie le sens du verbe….

SÉANCE 43 Les équipes rivales se saluent respectueusement.

p muet ils

Dictée Les camps rivaux s'affrontent courageusement.

m devant m, b, p *rival* *courageux courageuse*

Unité 7 • Les compléments du verbe

Analyse **Identifie les groupes nominaux de la phrase et indique le nom.**
Identifie et analyse le verbe de la phrase.
Analyse chaque mot encadré en bleu.

SÉANCE 46 Cet étranger visitera nos cités médiévales.

ils

Dictée Ces touristes visiteront bientôt cette ville médiévale.

t muet *médiéval*

SÉANCE 47 Ce visiteur semble perdu. Il cherche son chemin.

ils

Dictée Ces visiteurs semblent ravis ; ils achètent des cartes postales de la cité.

m devant m, b, p *postal*

Je retiens les noms : voyageur – endroit – coureur – arrivée – athlète – camp – touriste – ville – visiteur – carte

Je retiens les adjectifs : magnifique – courageux – rival – médiéval – ravi – postale

Je retiens les verbes : prendre – franchir – entraîner – s'affronter – visiter – sembler – acheter

Je retiens les adverbes : très – vite – toujours – beaucoup – courageusement – bientôt

Mes rituels quotidiens

SÉANCE 48 Vous partirez demain à l'aube.

Dictée Vous aurez une visite culturelle demain.

culturel « un » = ain

SÉANCE 49 Le matin, le bus dépose les élèves devant l'école.

ils

Dictée Dans ma classe, les élèves vont à l'école à pied, à vélo ou en bus.

s muet « s » = ss d muet

Unité 8 • La phrase

Analyse **Identifie les groupes nominaux de la phrase et indique le nom.**
Identifie et analyse le verbe de la phrase.
Analyse chaque mot encadré en bleu.

SÉANCE 52 J'admire la vue : la mer turquoise, les bateaux au loin, le sable fin.

bateau t muet *portuaire*

Dictée Tu aimes tant les beaux bateaux du port de pêche.

t muet *beau* « o » = eau

Pour analyser le complément du nom :
j'identifie le nom qu'il complète.

Pour analyser le complément du verbe :
j'identifie le verbe qu'il complète.

SÉANCE 53 Tu as déjà fait de la plongée ; moi je n'ai jamais essayé.

Dictée Nous ne voyons jamais de dauphins ou de baleines.

« f » = ph

s muet — « o » = au — « è » = ei

SÉANCE 54 Partez-vous souvent en vacances au bord de la mer ?

Dictée Nous partons souvent en vacances au bord de la mer.

« en » = an

« en » = en — t muet — « s » = c — d muet *bordure*

Je retiens les noms :
visite – classe – élève – école – pied – vélo – bateau – port – pêche – dauphin – baleine – vacances – bord

Je retiens les adjectifs :
culturel – beau

Je retiens les verbes :
aller – aimer – voir – partir

Je retiens les adverbes :
demain – dans – tant – jamais – souvent

Mes rituels quotidiens

Analyse **Identifie les groupes nominaux de la phrase et indique le nom.**
Identifie et analyse le verbe de la phrase.
Analyse chaque mot encadré en bleu.

SÉANCE 55 Est-ce que tu feras du bateau pendant les vacances ?

malheur malheureuse

Dictée Je ne ferai malheureusement pas de bateau.

h muet — t muet — « o » = eau

SÉANCE 56 Ramasserons-nous des oursins sur la plage cet été ?

« s » = c

Dictée **Est-ce que** je peux goûter ce délicieux oursin ?

infinitif — *délice* — « s » = s

Je retiens les noms :
bateau – oursin

Je retiens l'adjectif : délicieux

Je retiens les verbes :
faire – pouvoir – goûter

Je retiens les adverbes : malheureusement

Analyse **Identifie les groupes nominaux de la phrase et indique le nom.**
Identifie et analyse le verbe de la phrase.
Analyse chaque mot encadré en bleu.

SÉANCE 57 Combien de crevettes y a-t-il dans ton panier ?

g et t muets *vingtaine*

Dictée J'ai **au** moins **vingt** **énormes** crevett**es** ros**es** **!**

s muet « z » = s

SÉANCE 58 Que ce sable est doux et fin !

Dictée Nous sommes si h**eureux** d'**aller** **à** la pla**g**e apr**è**s la sie**s**te **!**

heureuse infinitif « j » = g s muet

Je retiens les noms :
crevette – plage – sieste

Je retiens les adjectifs :
vingt – énorme – rose – heureux

Je retiens le verbe : aller

Je retiens les adverbes :
moins – après

Mes rituels quotidiens

Unité 9 • L'imparfait et le passé composé

Analyse **Identifie les groupes nominaux de la phrase et indique le nom.**
Identifie et analyse le verbe de la phrase.
Analyse chaque mot encadré en bleu.

SÉANCE 60 Est-ce que vous aimez visiter les grottes préhistoriques ?

ils

Dictée **Est-ce que** les **h**ommes pré**h**istoriques **h**abitaient dans des grottes ?

h muet — h muet *préhistoire* — h muet — s muet

SÉANCE 61 Autrefois, les hommes utilisaient des pierres pour faire des outils.

Dictée Ils travai**ll**aient la pierre pour la poli**r** et **faire** des outils.

« y » = ill — infinitif — infinitif — l muet *outiller*

SÉANCE 62 Vous chassiez des animaux sauvages pour vous nourrir !

« o » = au — s muet — ils

Dictée **Autrefois,** les **h**ommes man**ge**aient les anima**u**x sau**vages** qu'ils cha**ss**aient.

h muet — « j » = ge — *animal* — « o » = au

Je retiens les noms : homme – grotte – pierre – outil – animal

Je retiens les adjectifs : préhistorique – sauvage

Je retiens les verbes : habiter – travailler – manger – chasser

Je retiens l'adverbe : autrefois

Analyse **Identifie les groupes nominaux de la phrase et indique le nom.**
Identifie et analyse le verbe de la phrase.
Analyse chaque mot encadré en bleu.

SÉANCE **63** Les voitures n'existaient pas, tous les hommes se déplaçaient à pied.

t muet — elle — ils — « e » = eu

Dictée Avant l'électricité n'existait pas, les hommes faisaient du feu pour se chauffer.

infinitif — « s » = c — h muet — « e » = ai — « o » = au

SÉANCE **64** À la préhistoire, les enfants n'apprenaient pas la conjugaison des verbes !

« en » = en — ils — participe passé

Dictée Les enfants ont visité une exposition très intéressante sur la préhistoire.

« en » = an — t muet — « si » = ti — s muet — « en » = an — h muet

SÉANCE **65** Vous avez apprécié les explications du guide touristique.

Dictée Il a été attentif à toutes les explications du guide.

participe passé — « si » = ti — « g » = gu

Je retiens les noms : électricité – hommes – feu – enfants – exposition – préhistoire – explication – guide

Je retiens les adjectifs : intéressante – attentif

Je retiens les verbes : exister – faire – se chauffer – visiter

Je retiens les adverbes : avant – très

Mes rituels quotidiens

Analyse **Identifie les groupes nominaux de la phrase et indique le nom.**
Identifie et analyse le verbe de la phrase.
Analyse chaque mot encadré en bleu.

SÉANCE 66 Tu as eu envie de faire un exposé sur les peintures rupestres.

Dictée Nous avons voulu faire un exposé sur les peintures dans les grottes.

participe passé — « in » = ein — s muet

SÉANCE 67 Lila a eu des informations sur la manière dont vivaient les hommes préhistoriques.

Dictée As-tu appris des informations sur la manière dont vivaient les hommes autrefois ?

participe passé — « si » = ti — t muet

h muet — « o » = au — s muet — ils

Je retiens les noms :
exposé – peinture – grotte – information – manière

Je retiens les verbes :
vouloir – apprendre – vivre

Je retiens l'adverbe : autrefois

Je prépare une dictée à la fin de chaque séance.

1. Je lis la dictée préparée dans mon manuel et je fais attention aux difficultés soulignées.

Coralie est une écolière appliquée.

elle — écolier — ap-pli-quée

2. Je retiens l'orthographe des mots en mémorisant les difficultés soulignées.

écolière → Je reconnais le féminin des noms en er : ère. Je n'oublie pas l'accent aigu sur le premier e.

appliquée → **appliquée** est un adjectif. Il s'accorde avec **écolière** donc il est féminin : je n'oublie pas le e.
Attention, il y a deux p, comme dans beaucoup de mots qui commencent par ap : **appartenir, approfondir, apprendre**…

3. Je coupe les mots longs en syllabes. Je m'entraîne à les épeler.

Co-ra-lie é-co-li-è-re ap-pli-quée

4. Je les écris ensuite plusieurs fois de mémoire.

écolière - écolière - écolière - écolière

appliquée - appliquée - appliquée - appliquée

5. J'écris la phrase de mémoire en veillant à mettre une majuscule et un point.

Coralie est une écolière appliquée.

La nature des mots

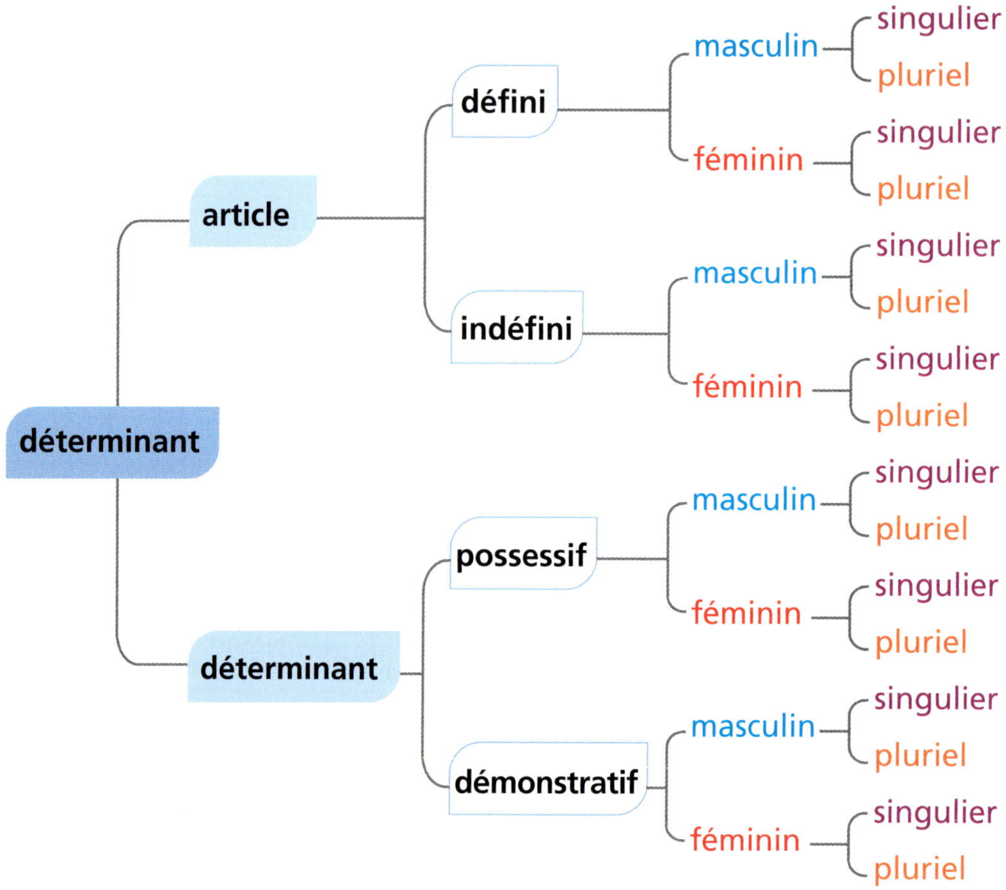

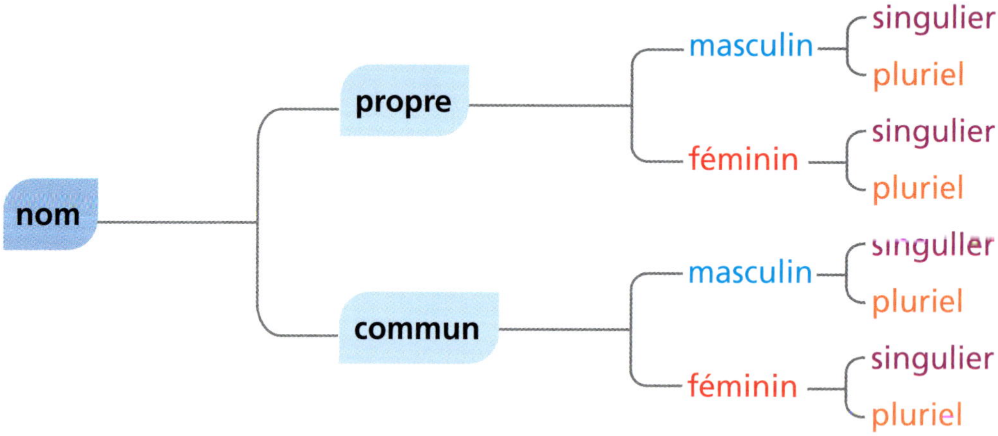

- **adjectif qualificatif**
  - masculin
    - singulier
    - pluriel
  - féminin
    - singulier
    - pluriel

- **pronom personnel**
  - singulier
    - 1re personne
    - 2e personne
    - 3e personne
      - masculin
      - féminin
  - pluriel
    - 1re personne
    - 2e personne
    - 3e personne
      - masculin
      - féminin

- **verbe**
  - **verbe d'état**
    - 1er groupe
    - 2e groupe
    - 3e groupe
  - **verbe d'action**
    - 1er groupe
    - 2e groupe
    - 3e groupe

- **adverbe**
  - de temps
  - de lieu
  - de quantité
  - de manière

Les fonctions

Sujet

▶ Le **sujet** est la personne, l'animal ou la chose qui fait l'action ou subit l'état exprimé par le verbe.
Exemple : ***Les élèves*** *étudient la grammaire.*
Les élèves est le sujet du verbe **étudient**.

Épithète et attribut du sujet

Épithète

▶ Quand l'**adjectif** est placé à côté du nom, il est **épithète**.
Exemple : *L'élève* ***appliqué*** *recopie sa leçon.*
appliqué est épithète du nom **élève**.

Attribut du sujet

▶ Quand l'**adjectif** est relié au sujet par un **verbe d'état**, il est **attribut du sujet**.
Exemple : *En classe, Iris est* ***concentrée****.*
concentrée est attribut du sujet **Iris**.

Complément du nom

▶ Le **complément du nom** complète le nom : il donne des précisions sur le nom.

▶ Il est introduit par une **préposition** : à (au, aux), de (d', du), en.
Exemple : *Les chaises* ***de la classe*** *sont rangées.*
de la classe est complément du nom **chaises**.

la chaise ***en bois*** *la chaise* ***à roulettes***

Complément du verbe

▶ Le **complément du verbe** complète le verbe : il donne des précisions sur le verbe.

Complément d'objet

▶ Le **complément d'objet** explique qui ou quoi est l'objet de l'action.

Exemple : *Nicolas apprend sa leçon.*
sa leçon est complément d'objet du verbe **apprend**.

Complément circonstanciel

▶ Le **complément circonstanciel** précise dans quelles circonstances, dans quelles conditions, a lieu l'action exprimée par le verbe.

Exemples : *Ce matin, les élèves étudient les fractions.*
Ce matin est complément circonstanciel de temps du verbe **étudient**.

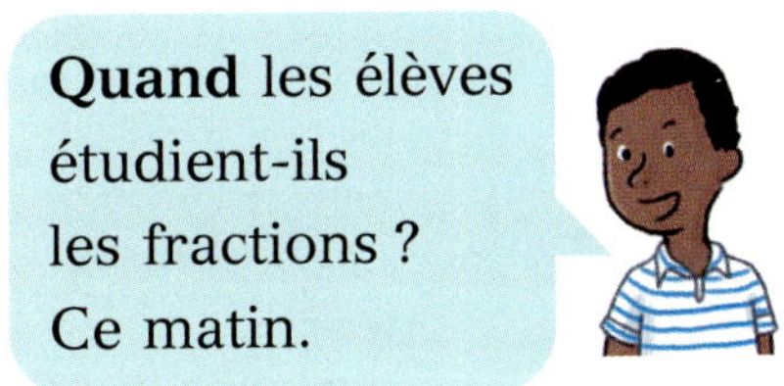

*Les élèves sont **dans leur classe**.*
dans leur classe est complément circonstanciel de lieu du verbe **sont**.

*Les élèves travaillent **sérieusement**.*
sérieusement est complément circonstanciel de manière du verbe **travaillent**.

Tableaux de conjugaison (suite)

Les verbes du 1er groupe

déjeuner	
présent	**futur**
je déjeune tu déjeunes il / elle déjeune nous déjeunons vous déjeunez ils / elles déjeunent	je déjeunerai tu déjeuneras il / elle déjeunera nous déjeunerons vous déjeunerez ils / elles déjeuneront
imparfait	**passé composé**
je déjeunais tu déjeunais il / elle déjeunait nous déjeunions vous déjeuniez ils / elles déjeunaient	j'ai déjeuné tu as déjeuné il / elle a déjeuné nous avons déjeuné vous avez déjeuné ils / elles ont déjeuné

manger	
présent	**futur**
je mange tu manges il / elle mange nous mangeons vous mangez ils / elles mangent	je mangerai tu mangeras il / elle mangera nous mangerons vous mangerez ils / elles mangeront
imparfait	**passé composé**
je mangeais tu mangeais il / elle mangeait nous mangions vous mangiez ils / elles mangeaient	j'ai mangé tu as mangé il / elle a mangé nous avons mangé vous avez mangé ils / elles ont mangé

commencer	
présent	**futur**
je commence	je commencerai
tu commences	tu commenceras
il / elle commence	il / elle commencera
nous commençons	nous commencerons
vous commencez	vous commencerez
ils / elles commencent	ils / elles commenceront
imparfait	**passé composé**
je commençais	j'ai commencé
tu commençais	tu as commencé
il / elle commençait	il / elle a commencé
nous commencions	nous avons commencé
vous commenciez	vous avez commencé
ils / elles commençaient	ils / elles ont commencé

essuyer	
présent	**futur**
j'essuie	j'essuierai
tu essuies	tu essuieras
il / elle essuie	il / elle essuiera
nous essuyons	nous essuierons
vous essuyez	vous essuierez
ils / elles essuient	ils / elles essuieront
imparfait	**passé composé**
j'essuyais	j'ai essuyé
tu essuyais	tu as essuyé
il / elle essuyait	il / elle a essuyé
nous essuyions	nous avons essuyé
vous essuyiez	vous avez essuyé
ils / elles essuyaient	ils / elles ont essuyé

Tableaux de conjugaison (suite)

peler	
présent	**futur**
je pèle tu pèles il / elle pèle nous pelons vous pelez ils / elles pèlent	je pèlerai tu pèleras il / elle pèlera nous pèlerons vous pèlerez ils / elles pèleront
imparfait	**passé composé**
je pelais tu pelais il / elle pelait nous pelions vous peliez ils / elles pelaient	j'ai commencé tu as pelé il / elle a pelé nous avons pelé vous avez pelé ils / elles ont pelé

appeler	
présent	**futur**
j'appelle tu appelles il / elle appelle nous appelons vous appelez ils / elles appelent	j'appellerai tu appelleras il / elle appellera nous appellerons vous appellerez ils / elles appelleront
imparfait	**passé composé**
j'appelais tu appelais il / elle appelait nous appelions vous appeliez ils / elles appelaient	j'ai appelé tu as appelé il / elle a appelé nous avons appelé vous avez appelé ils / elles ont appelé

dialoguer	
présent	**futur**
je dialogue tu dialogues il / elle dialogue nous dialoguons vous dialoguez ils / elles dialoguent	je dialoguerai tu dialogueras il / elle dialoguera nous dialoguerons vous dialoguerez ils / elles dialogueront
imparfait	**passé composé**
je dialoguais tu dialoguais il / elle dialoguait nous dialoguions vous dialoguiez ils / elles dialoguaient	j'ai dialogué tu as dialogué il / elle a dialogué nous avons dialogué vous avez dialogué ils / elles ont dialogué

Les verbes du 2e groupe

finir	
présent	**futur**
je finis tu finis il / elle finit nous finissons vous finissez ils / elles finissent	je finirai tu finiras il / elle finira nous finirons vous finirez ils / elles finiront
imparfait	**passé composé**
je finissais tu finissais il / elle finissait nous finissions vous finissiez ils / elles finissaient	j'ai fini tu as fini il / elle a fini nous avons fini vous avez fini ils / elles ont fini

Tableaux de conjugaison (suite)

Le verbe être

être	
présent	**futur**
je suis tu es il / elle est nous sommes vous êtes ils / elles sont	je serai tu seras il / elle sera nous serons vous serez ils / elles seront
imparfait	**passé composé**
j'étais tu étais il / elle était nous étions vous étiez ils / elles étaient	j'ai été tu as été il / elle a été nous avons été vous avez été ils / elles ont été

Quand Zoé **sera** grande, elle **sera** exploratrice.

Le verbe avoir

avoir	
présent	**futur**
j'ai tu as il /elle a nous avons vous avez ils / elles ont	j'aurai tu auras il / elle aura nous aurons vous aurez ils / elles auront
imparfait	**passé composé**
j'avais tu avais il / elle avait nous avions vous aviez ils / elles avaient	j'ai eu tu as eu il / elle a eu nous avons eu vous avez eu ils / elles ont eu

À l'heure du déjeuner, les enfants **ont** tous très faim.

Tableaux de conjugaison (suite)

Les verbes du 3e groupe

dire	
présent	**futur**
je dis tu dis il / elle dit nous disons vous dites ils / elles disent	je dirai tu diras il / elle dira nous dirons vous direz ils / elles diront
imparfait	**passé composé**
je disais tu disais il / elle disait nous disions vous disiez ils / elles disaient	j'ai dit tu as dit il / elle a dit nous avons dit vous avez dit ils / elles ont dit

Le père de Mathéo lui **dit** de mettre sa casquette.

faire	
présent	**futur**
je fais tu fais il /elle fait nous faisons vous faites ils / elles font	je ferai tu feras il / elle fera nous ferons vous ferez ils / elles feront
imparfait	**passé composé**
je faisais tu faisais il / elle faisait nous faisions vous faisiez ils / elles faisaient	j'ai fait tu as fait il / elle a fait nous avons fait vous avez fait ils / elles ont fait

Cet hiver, Jules et ses parents **feront** un bonhomme de neige.

Tableaux de conjugaison (suite)

venir	
présent	**imparfait**
je viens	je venais
tu viens	tu venais
il / elle vient	il / elle venait
nous venons	nous venions
vous venez	vous veniez
ils / elles viennent	ils / elles venaient
futur	
je viendrai	
tu viendras	
il / elle viendra	
nous viendrons	
vous viendrez	
ils / elles viendront	

Ce dimanche, Marco **vient** rendre visite à Iris.

aller	
présent	**imparfait**
je vais	j'allais
tu vas	tu allais
il / elle va	il / elle allait
nous allons	nous allions
vous allez	vous alliez
ils / elles vont	ils / elles allaient
futur	
j'irai	
tu iras	
il / elle ira	
nous irons	
vous irez	
ils / elles iront	

Cet été, nous **irons** à la mer.

Tableaux de conjugaison (suite)

voir	
présent	**futur**
je vois tu vois il / elle voit nous voyons vous voyez ils / elles voient	je verrai tu verras il / elle verra nous verrons vous verrez ils / elles verront
imparfait	**passé composé**
je voyais tu voyais il / elle voyait nous voyions vous voyiez ils / elles voyaient	j'ai vu tu as vu il / elle a vu nous avons vu vous avez vu ils / elles ont vu

Le chien de Nicolas n'**a** pas **vu** le lapin.

prendre	
présent	**futur**
je prends	je prendrrai
tu prends	tu prendras
il / elle prend	il / elle prendra
nous prenons	nous prendrons
vous prenez	vous prendrez
ils / elles prennent	ils / elles prendront
imparfait	**passé composé**
je prenais	j'ai pris
tu prenais	tu as pris
il / elle prenait	il / elle a pris
nous prenions	nous avons pris
vous preniez	vous avez pris
ils / elles prenaient	ils / elles ont pris

Pendant la visite, les enfants **ont pris** des notes.

Tableaux de conjugaison (suite)

pouvoir	
présent	**futur**
je peux	je pourrai
tu peux	tu pourras
il / elle peut	il / elle pourra
nous pouvons	nous pourrons
vous pouvez	vous pourrez
ils / elles peuvent	ils / elles pourront
imparfait	**passé composé**
je pouvais	j'ai pu
tu pouvais	tu as pu
il / elle pouvait	il / elle a pu
nous pouvions	nous avons pu
vous pouviez	vous avez pu
ils / elles pouvaient	ils / elles ont pu

Les athlètes **peuvent** courir vraiment très vite.

vouloir	
présent	**futur**
je veux tu veux il / elle veut nous voulons vous voulez ils / elles veulent	je voudrai tu voudras il / elle voudra nous voudrons vous voudrez ils / elles voudront
imparfait	**passé composé**
je voulais tu voulais il / elle voulait nous voulions vous vouliez ils / elles voulaient	j'ai voulu tu as voulu il / elle a voulu nous avons voulu vous avez voulu ils / elles ont voulu

La classe s'entraîne, elle **veut** être prête pour le concert de l'école.

Conception de la couverture : Primo & Primo

Illustration de la couverture : Rebecca Romeo

Conception de la maquette intérieure et mise en page : Nord Compo

Illustrations : Caroline Modeste

Relecture : Astrid Rogge

Directeur éditorial : Jean Nemo

Édition : Véronique Pommeret

Police cursive : SG Cursive @ 4 HEURES

Achevé d'imprimer en mars 2022 en Italie par Elcograf
Numéro éditeur: LDESI20210099
Dépôt légal : Mars 2022